GUIZOT

LES GRANDS ÉCRIVAINS FRANÇAIS

EN VENTE :

VICTOR COUSIN, par M. *Jules Simon*, de l'Académie française.

MADAME DE SÉVIGNÉ, par M. *Gaston Boissier*, de l'Académie française.

MONTESQUIEU, par M. *Albert Sorel*, de l'Institut.

GEORGE SAND, par M. *E. Caro*, de l'Académie française.

TURGOT, par M. *Léon Say*, député, de l'Académie française.

THIERS, par M. *P. de Rémusat*, sénateur, de l'Institut.

D'ALEMBERT, par M. *Joseph Bertrand*, de l'Académie française, secrétaire perpétuel de l'Académie des sciences.

VAUVENARGUES, par M. *Maurice Paléologue.*

MADAME DE STAEL, par M. *Albert Sorel*, de l'Institut.

THÉOPHILE GAUTIER, par M. *Maxime Du Camp*, de l'Académie française.

BERNARDIN DE SAINT-PIERRE, par M. *Arvède Barine.*

MADAME DE LA FAYETTE, par le comte *d'Haussonville*, de l'Académie française.

MIRABEAU, par M. *Edmond Rousse*, de l'Académie française.

RUTEBEUF, par M. *Clédat*, professeur de Faculté.

STENDHAL, par M. *Édouard Rod.*

ALFRED DE VIGNY, par M. *Maurice Paléologue.*

BOILEAU, par M. *G. Lanson.*

CHATEAUBRIAND, par M. *de Lescure.*

FÉNELON, par M. *Paul Janet*, de l'Institut.

SAINT-SIMON, par M. *Gaston Boissier*, de l'Académie française.

RABELAIS, par M. *René Millet.*

J.-J. ROUSSEAU, par M. *Arthur Chuquet.*

LESAGE, par M. *Eugène Lintilhac.*

DESCARTES, par M. *Alfred Fouillée.*

VICTOR HUGO, par M. *Léopold Mabilleau.*

ALFRED DE MUSSET, par M. *Arvède Barine.*

JOSEPH DE MAISTRE, par M. *George Cogordan.*

FROISSART, par Mme *Mary Darmesteter.*

DIDEROT, par M. *Joseph Reinach.*

Chaque volume, avec un portrait en héliogravure .... 2 fr.

Coulommiers. — Imp. PAUL BRODARD. — 161-94.

LES GRANDS ÉCRIVAINS FRANÇAIS

GUIZOT

PAR

M. A. BARDOUX

MEMBRE DE L'INSTITUT

PARIS

LIBRAIRIE HACHETTE ET Cie

79, BOULEVARD SAINT-GERMAIN, 79

1894

GUIZOT

GUIZOT

PREMIÈRE PARTIE

L'HOMME PRIVÉ ET L'HOMME POLITIQUE

I

Lorsque François-Pierre-Guillaume Guizot naquit à Nîmes, le 4 octobre 1787, de père et mère appartenant à des familles protestantes, le honteux régime imposé aux réformés allait enfin cesser [1].

Mme Guizot (Sophie-Élisabeth Bonicel) et André Guizot avaient été mariés le 27 décembre 1786 au Désert, par un pasteur dont le ministère était encore proscrit ; l'acte de naissance de François, leur fils aîné, ne fut pas enregistré ; les deux jeunes époux ne

1. Pour le récit des premières et des dernières années, nous ne pouvions mieux faire que d'emprunter tous les faits au pieux livre que Mme de Witt a intitulé : « Guizot dans sa famille et avec ses amis ».

purent bénéficier du célèbre édit de 1787, qui n'avait pas d'effet rétroactif.

Avons-nous besoin de rappeler avec quelles sympathies fut saluée par les protestants l'aurore de la Révolution? Les longues persécutions religieuses enseignent la liberté et la font acclamer. Le père de François Guizot, avocat distingué, prit une part active au mouvement des idées et aux événements, dans les années 89, 90 et 91; l'éclat de son talent oratoire l'appelait au premier rang des hommes d'action et de progrès, mais les excès et les crimes le firent reculer. Dénoncé pour sa modération par le club de Nîmes, il prit la fuite; et après avoir erré pendant quelques semaines d'asile en asile, il fut arrêté. Le gendarme qui avait découvert sa retraite, le connaissait depuis longtemps; il était au désespoir. « Voulez-vous que je vous laisse échapper? dit-il au prisonnier. — Es-tu marié? demanda vivement celui-ci. — Oui, répondit le gendarme, j'ai deux enfants. — Et moi aussi, dit M. Guizot; mais tu paierais pour moi; marchons. » Ses deux fils lui furent amenés à la maison de justice; l'aîné, François, avait six ans et demi; son frère, Jean-Jacques, était plus jeune de deux années. Mme de Witt raconte qu'au moment où sa condamnation fut prononcée, son grand-père ayant reconnu plusieurs membres du tribunal révolutionnaire, les appela à comparaître à leur tour devant le tribunal de Dieu; son éloquence troubla ses juges; reconduit en prison, il écrivit à sa femme malade et qui n'avait pu le revoir, une lettre tendre et vaillante, lui faisant ses dernières recommandations et lui disant *adieu*. Le 8 avril 1794, il montait intrépidement sur l'échafaud.

De cette terrible époque, François Guizot avait gardé, avec le souvenir du supplice de son père, la sensation nette et précise de la chute de Robespierre. Lorsque la nouvelle arriva à Nîmes, Mme Guizot se trouvait avec ses deux enfants, sur la terrasse de sa maison; elle s'agenouilla aussitôt avec eux pour remercier la Providence. Tout entière à ses devoirs maternels, elle conserva toute sa vie, dans son âme forte et chrétienne, l'ineffaçable empreinte de la souffrance de ces années de deuil.

Tous ceux qui ont approché la vénérée mère de François Guizot dans des temps plus heureux, alors qu'elle faisait les honneurs du salon du Ministère des affaires étrangères, avaient reçu d'elle une impression vive. « Je crois la voir encore, écrit Sainte-Beuve, dans cette mise antique et simple, avec cette physionomie forte et profonde, tendrement austère, qui me rappelait celle des mères de Port-Royal, et telle qu'à défaut d'un Philippe de Champagne, un peintre des plus délicats (Ary Schefer) nous l'a rendue, cette mère du temps des Cévennes, à laquelle Guizot resta, jusqu'à la fin de ses jours, le fils le plus déférent et le plus soumis; je crois la voir dans ce salon du ministre où elle ne faisait que passer et où elle représentait la foi, la simplicité, les vertus subsistantes de la persécution et du Désert. »

Il n'y a rien à ajouter à ce portrait.

Mme Guizot avait peu de ressources, elle les consacra toutes à l'instruction de ses fils; on juge de ce que devait être leur éducation entre les mains d'une pareille mère. La France, en ce moment, n'offrait guère d'écoles remplissant le but que Mme Guizot voulait atteindre, elle résolut de tout quitter pour aller chercher à Genève les maîtres et l'enseignement moral qu'elle ne trouvait pas à Nîmes et que Paris, en 1798, n'eût donné qu'imparfaitement pour sa conscience.

A cette époque-là, c'était une grande entreprise; mais elle ne fut pas au-dessus de la volonté de cette femme d'autrefois. François, son fils aîné, montrait des dons naturels. Il avait à peine six ans, lorsque sa mère l'avait surpris, debout sur le rebord d'une bibliothèque, récitant avec passion les *Imprécations de Camille*. C'était le futur orateur de qui Mlle Rachel disait, après l'avoir entendu, qu'elle eût aimé à jouer la tragédie avec lui.

La vie était grave et gênée. Mme Guizot assistait à toutes les leçons, prenait part aux travaux de ses fils, étudiant avec eux et pour eux. « Parfois lorsqu'en hiver, le climat rude de Genève couvrait d'engelures les petites mains, les devoirs étaient écrits sous la dictée des élèves, par leur mère. En même temps, d'après les principes de Rousseau et en présence du bouleversement de toutes les fortunes, elle leur faisait apprendre un métier manuel. » François Guizot était un habile menuisier et un excellent tourneur.

Le séjour à Genève dura jusqu'en 1805; ces cinq années, consacrées aux études classiques et à l'éducation calviniste, sous la direction souveraine d'une femme énergique et simple, façonnèrent l'âme de François Guizot et la trempèrent pour toute la vie.

L'heure de la séparation sonna : dans le courant de l'été 1805, Mme Guizot retourna auprès de ses parents à Nîmes; elle gardait avec elle son second fils. L'aîné se rendit à Paris en novembre 1806, pour faire son droit en compagnie d'un de ses fidèles amis, Achille de Daunant.

François Guizot venait d'avoir dix-neuf ans. Élevé dans des sentiments libéraux, mais dans des habitudes austères et des croyances religieuses en réaction contre la philosophie du XVIIIe siècle, destiné à suivre la carrière du barreau, comme son père, il se mit à l'étude du droit sans grand plaisir. Sa jeunesse à Paris fut triste et l'isolement cruel. La société dans laquelle il eut ses entrées, composée des débris de l'école de Voltaire et de Diderot, n'était pas la sienne.

Vivant dans le monde de l'opposition, ce jeune calviniste, concentré et rebelle à toute influence mondaine, voyait passer sous ses yeux les débris du monde philosophique et de l'aristocratie libérale de 89, les derniers représentants de ces salons « qui avaient librement pensé à tout, parlé de tout, mis tout en question, tout espéré et tout promis, par mouvement et plaisir d'esprit. Les mécomptes et les désastres de la Révolution n'avaient point fait abjurer aux survivants de cette brillante génération leurs idées et leurs désirs; ils restaient sincèrement libéraux. »

Le salon de Mme d'Houdetot, celui de M. Suard, celui de l'abbé Morellet étaient les seuls asiles où l'esprit du dernier siècle se déployait encore à l'aise, non pas que les hommes de l'Empire l'eussent renié, mais comme ils n'avaient pas de méditation et de loisir, l'action et le mouvement les prenaient tout entiers. Les quelques étrangers qui pouvaient encore visiter Paris, ne le quittaient pas sans avoir connu les derniers contemporains de Voltaire; on se réunissait le jeudi chez l'abbé Morellet, le mardi et le samedi chez M. Suard; le mercredi, Mme d'Houdetot donnait à dîner à un certain nombre de personnes invitées une fois pour toutes. Point de recherche, point de bonne chère; le dîner n'était qu'un moyen, nullement un but de réunion. Sans doute on y vivait sur un fond d'idées depuis longtemps exploité, sans doute les mêmes anecdotes revenaient souvent; et l'activité cérébrale n'y était plus féconde et progressive, « mais on y sentait cette sincérité, ce désintéressement de l'esprit qui font peut-être le plus grand charme de la pensée et de la conversation. On se réunissait, on causait sans nécessité, sans but, par le seul attrait des communications intellectuelles. »

Le jeune Guizot ne fût jamais entré dans cette société qui n'a jamais été remplacée, sans l'intérêt affectueux que lui portait l'ancien ministre de Suisse,

M. Stapfer. Il s'était senti attiré vers ce jeune homme, vivant de peu, poursuivant dans la solitude, loin de tout plaisir, des études mal dirigées, mais personnelles et très étendues. Depuis deux ans en effet qu'il était à Paris, François Guizot n'avait eu d'autre entretien intime que dans une correspondance suivie avec sa mère. Les lettres datées de 1810 et 1811, et publiées par Mme de Witt, sont ardentes par la concentration intérieure, presque farouches, avec une intensité de vie extraordinaire. On en jugera par quelques extraits :

« J'ai fait partir ce matin une longue lettre pour toi, bonne maman, et le soir, il faut que je t'écrive encore; la vie solitaire et tranquille que je mène me laisse tout le temps de réfléchir; mes idées ne se dispersent plus, mes sentiments acquièrent plus de force, à mesure qu'ils se concentrent davantage. Si je ne t'écrivais pas, je serais inquiet, malheureux; tu es la seule personne à qui j'ouvre mon âme sans crainte. Chaque jour, si je le puis, je t'écrirai et je ferai partir ma lettre chaque semaine en un seul paquet; là, tu verras un tableau fidèle de mes opinions et de mes pensées.... Dieu et la religion du Christ, voilà mes guides.... Je possède une chose qui sera peut-être favorable à mes principes, quoique proscrite par le monde : de l'entêtement; je puis avoir tort, mais toutes les fois que je crois avoir raison, l'univers entier n'a aucune influence sur ma manière de penser.... Ce que j'aime à te dire, parce que j'aime à le sentir, c'est que chaque année confirme en moi et ma conviction et mon espérance; si j'acquiers de nouvelles connaissances, elles ne servent qu'à m'affermir dans ma foi à l'Évangile du Christ; je n'en ai jamais eu honte et je ne l'aurai jamais. »

Il était donc le contraire d'un voltairien, cet étudiant cévenol au visage amaigri, avec de grands yeux de flamme, que M. Stapfer avait introduit dans l'intimité de cet épicurien intellectuel, de cet esprit difficile et paresseux qui s'appelait M. Suard. François Guizot demandait déjà à la conversation plus qu'un plaisir social; il rêvait, pour ses idées qui germaient, des jours d'action et de triomphe, dans un avenir encore vague et confus. Il se sentait plus à l'aise à la maison de campagne du *Bel-Air* où M. Stapfer l'admettait à séjourner de longs mois et où il l'aidait de son expérience et de ses conseils. La philosophie et la littérature allemandes étaient l'objet de l'étude favorite de François Guizot, il lisait Kant et Klopstock, Herder et Schiller, beaucoup plus que Voltaire et Condillac. Les habitués des salons de M. Suard et de Mme d'Houdetot souriaient et s'impatientaient quelquefois de ses croyances protestantes et de son enthousiasme germanique; mais au milieu de cette diversité d'idées et d'habitudes, il apprenait à porter dans la pratique de la vie « cette large équité et ce respect de la liberté d'autrui qui sont le devoir et le caractère de l'esprit vraiment libéral ».

C'était le temps où le génie de Chateaubriand se révélait à la France; il eut les premières admirations de François Guizot. Cet admirable mélange de sentiments religieux et d'esprit romanesque, de poésie et de polémique morale, l'avait si puissamment ému, qu'une de ses premières fantaisies littéraires avait été d'adresser à l'auteur du *Génie du Christianisme* une très médiocre épître en vers ; et lorsque *les Martyrs* firent courir aux armes les suprêmes représentants du classicisme usé et dénué d'imagination, François Guizot défendit Cymodocée et Velléda dans *le Publiciste*. Ses autres essais poétiques n'allèrent pas au delà de deux élégies, l'une sur la *Mort de Henri IV* et l'autre sur la *Mort de Corinne*, dont personne ne parla.

Grâce à l'action éclairée de M. Stapfer, Mme Guizot avait consenti à laisser son fils libre de se livrer à ses travaux littéraires ; François recommença alors ses études classiques dont il reconnaissait l'insuffisance. Il avait vingt-deux ans et, suivant l'expression éloquente de Mme de Witt, il portait déjà le fardeau bienfaisant du labeur nécessaire qui ne devait jamais cesser de peser sur lui.

Ses premiers travaux, le *Dictionnaire des synonymes*, ses notes critiques sur l'*Histoire de la décadence et de la chute de l'Empire romain* de Gibbon et les *Annales de l'Éducation*, recueil périodique où il avait abordé quelques-unes des grandes questions d'éducation publique, avaient obtenu l'attention des hommes sérieux. Sa mère, à Nîmes, était la confidente de ses efforts et de ses espérances.

« Je suis, lui écrivait-il, continuellement occupé

de toi, ma bonne mère; ta tristesse me navre plus encore que je ne puis le dire, je donnerais la moitié de mon sang pour te rendre un peu de courage et de bonheur. Pauvre chère amie! Personne ne comprend mieux que moi le vide que tu éprouves; je sens l'impossibilité de le combler. Rien ne peut réparer la perte que tu as faite; rien n'en peut consoler; j'ai la profonde conviction que jamais fils n'a aimé sa mère plus que je ne t'aime, mais je n'espère pas remplacer pour toi mon père!... »

Une heure vint où le cœur de François Guizot se détendit, où le flot d'émotions contenues qui bouillonnaient en lui s'apaisa.

II

Tout le monde connaît son roman. Il l'a raconté lui-même dans les notes qui ont servi à M. Charles de Rémusat pour écrire la biographie placée en tête des *Conseils de Morale*.

Mlle Pauline de Meulan venait de se révéler à lui.

Comme la plupart des femmes distinguées de ce temps-là, Pauline de Meulan avait été attirée par le mouvement des idées. Elle se rappelait avec enthousiasme qu'elle avait assisté à deux séances de la grande assemblée de 89.

La fortune de sa famille fut détruite par les lois nouvelles; son père mourut en 1790, ne laissant que des charges à sa veuve et ses enfants. Dans cette incertitude de vivre, le spectacle de la Terreur produisit dans l'âme de la fille aînée une agitation violente; elle contracta l'habitude des émotions fortes et des méditations solitaires. Rentrée à Paris après le 9 Thermidor, elle sentit grandir son esprit et son caractère; toutes les finesses, toutes les délicatesses, toutes les susceptibilités de l'Ancien Régime s'alliaient en elle, avec l'allure libre, franche et quelquefois un peu rude de la Révolution.

Au milieu des événements politiques si changeants, elle lisait beaucoup, surtout de la métaphysique, et méditait davantage. Ce fut vers cette époque qu'elle commença à travailler pour aider sa famille : M. Suard lui avait appris qu'elle pouvait tirer parti de son esprit, elle n'y pensait pas. En 1800 parurent ses deux premiers livres. En 1801, elle fit ses débuts dans *le Publiciste* que M. Suard venait de fonder; ses articles eurent beaucoup de succès.

Sa sœur avait épousé M. Jacques Dillon, ingénieur distingué; et comme un de leurs parents leur avait légué à chacune 20 000 francs, Pauline avait donné sa part au nouveau ménage; elle était convaincue qu'elle ne se marierait pas. A peine quatre ans de bonheur s'étaient-ils écoulés que M. Dillon fut emporté par une fièvre cérébrale, à la fin de mars 1807. Le surlendemain de cette mort, dînant chez M. Suard avec M. Stapfer, le jeune Guizot entendit raconter le malheur de la famille; son parti fut pris sur-le-champ; il publia un article sous le nom de Mlle de Meulan. L'article fut inséré dans *le Publiciste* le 31 mars. Il continua à écrire ainsi, sans se faire connaître d'elle, pendant quinze jours; il était résolu d'abord à garder son secret, mais il eut le sentiment qu'il faisait quelque chose d'un peu étrange et qui devait influer sur sa destinée. Il rencontra Mlle de Meulan pour la première fois le 13 avril. Dans les âmes comme celle de M. Guizot, les dates ne s'effacent pas de la mémoire, quand il s'agit d'un amour que la mort seule a pu briser.

Au mois de juin, sa mauvaise santé et l'excès du travail l'ayant obligé de s'établir à la campagne de M. Stapfer, près de Montfort-l'Amaury, Mlle de Meulan se chargea de toutes ses affaires et de ses relations littéraires à Paris; il y venait à peu près toutes les six semaines passer trois ou quatre jours. La diversité de leurs origines et de leurs habitudes les empêcha longtemps de s'entendre pleinement. Qu'on ne l'oublie pas! Un ardent calviniste de vingt-quatre ans et une enfant du XVIIIe siècle sont en présence. Qui sera absorbé par l'autre? Dans les notes de M. Guizot, nous lisons ces mots discrets :

« La parfaite harmonie n'est venue qu'à la suite d'une longue et réciproque influence : j'ai élevé et agrandi la sphère de sa vie; elle a beaucoup contribué à me faire vivre dans la vérité. »

C'est de 1810 à 1812, après le retour définitif de Guizot à Paris, que l'intimité des âmes commença. Leur correspondance, pendant un voyage qu'il fit à Nîmes, aida beaucoup à les mettre dans le même milieu de sentiments et d'idées. Ils se marièrent le 7 avril 1812; elle avait quatorze ans de plus que lui. Quelques jours avant leur union, Pauline de Meulan écrivait à son fiancé : « Je vous l'ai dit souvent, vous avez tué toutes mes facultés; mais il n'y a pas de mal, puisque c'est vous que vous avez mis à la place de moi. » C'est une phrase bien féminine, et faite pour captiver.

Peu de temps après son mariage, il était nommé professeur adjoint à la chaire d'histoire qu'occupait M. de Lacretelle à la Faculté des lettres de Paris; le grand maître de l'Université, M. de Fontanes, avait obéi à une bienveillance toute spontanée en ouvrant à François Guizot les portes du haut enseignement; et comme si Fontanes eût cru n'avoir pas assez fait pour l'attacher fortement à l'Université, il divisait la chaire en deux et lui donnait celle d'histoire moderne, avec dispense d'âge. Guizot n'avait pas encore vingt-cinq ans.

Certes il ne goûtait guère le régime impérial, prévoyant qu'il ne fonderait ni le bonheur, ni la grandeur durable de la France; mais ce régime paraissait si bien établi dans le sentiment général du pays, que même chez les survivants de l'école philosophique où l'esprit d'opposition dominait, on trouvait tout simple que les jeunes gens entrassent au service de l'Empire. En dehors des armes, il n'y avait pas d'autre carrière que les fonctions publiques.

En annonçant au nouveau professeur sa nomination définitive, le grand maître de l'Université lui fit entendre que l'Empereur lisait tous les discours d'ouverture et qu'il était accoutumé à y rencontrer son éloge. Guizot refusa nettement. Quelques jours après, dans un dîner à Courbevoie, où Fontanes possédait une maison de campagne, Guizot était du nombre des convives. Fontanes insista doucement; mais, en présence d'un refus réitéré : « Que ces protestants sont entêtés, dit-il en souriant; je m'en tirerai comme je pourrai ». Et il n'en fut plus question.

Guizot monta dans sa chaire le 11 décembre 1812, avec la pleine indépendance de son esprit, et, dès sa première leçon, affirma sa méthode historique. C'était pour lui un vif plaisir intellectuel que de travailler librement vers un but déterminé; Mlle de Meulan, quelque temps avant leur mariage, lui disait : « Vous parlez toujours mieux des choses que des livres, parce que vous voyez dans un livre ce qui vous plaît, et ce qui vous plaît vaut beaucoup mieux que ce que le livre contient »; et avec la perspicacité d'une femme distinguée et qui aime, elle ajoutait : « Vous vaudriez beaucoup mieux comme auteur que comme critique; je ne pense pas qu'il y ait de quoi se tenir pour humilié ».

L'enseignement allait en effet transformer l'esprit de François Guizot et lui donner sa véritable direction. Son discours d'ouverture avait été tout un programme.

III

La politique vint interrompre inopinément ses études et son cours.

La Restauration ne pouvait pas le laisser indifférent. Non seulement il était de ceux que la grande poussée de 89 avait élevés et qui ne consentaient pas à descendre; mais aussi il était convaincu que, pour le régime représentatif et les institutions libres, le plus grand danger était l'aveuglement et le fanatisme routinier de l'esprit de secte ou de coterie.

Pendant un voyage à Nîmes où il avait conduit sa femme, étonnée en entrant dans ce petit monde de province, Guizot était rappelé pour occuper au Ministère de l'intérieur le poste de secrétaire général auprès de l'abbé de Montesquiou. C'était Royer-Collard qui l'avait recommandé. Il était alors doyen de la Faculté des lettres de Paris. Cet esprit libre et élevé dont la pensée était de restaurer l'âme dans l'homme et le droit dans le gouvernement, avait témoigné à Guizot une sympathie qui ne fut jamais banale, malgré des refroidissements passagers. Quand Royer-Collard mourut en 1845, son ancien collègue à la Sorbonne écrivait : « Il a fait plus que de me rendre service dans ma carrière, il a réellement contribué à mon développement intérieur et personnel. Il m'a ouvert des perspectives et appris des vérités que, sans lui, je n'aurais peut-être jamais connues. »

Royer-Collard insista affectueusement en 1814 pour que Guizot ne refusât pas le poste difficile où il l'avait fait appeler.

L'effort fut vif chez les deux femmes qui l'aimaient, pour s'opposer à son entrée dans la vie publique. Sa mère redoutait l'influence de la politique et ses dangers; quant à Pauline, les affaires lui plaisaient peu; elles lui paraissaient plates et monotones. La vie de conversation et de travail intérieur était ce qu'elle regrettait le plus.

Guizot se décida à occuper le secrétariat général qui lui était offert, et dès les premiers jours il eut à compter avec les exigences des royalistes.

Ces exigences amenaient en lui ces réflexions amères : « Vous êtes un ami décidé du régime constitutionnel et des garanties politiques, vous voulez vivre et agir avec le parti qui porte leur drapeau; renoncez à votre jugement et à votre indépendance! Il y a, dans le parti, sur toutes les questions et quelles que soient les circonstances, des opinions toutes faites, des résolutions arrêtées à l'avance qui se croient en droit de vous gouverner. Ne discutez pas, vous ne seriez plus un libéral; ne résistez pas, vous seriez un révolté. »

Il quitta le Ministère de l'intérieur avec M. de Montesquiou et il se préparait à remonter dans sa chaire, lorsque les Cent-Jours vinrent encore modifier sa destinée : un événement considérable et imprévu prend date dans sa vie.

Les royalistes constitutionnels qui se groupaient alors autour de Royer-Collard, jugèrent qu'il était de leur devoir de faire connaître sans réserve à Louis XVIII leur pensée sur la conduite à tenir : il ne s'agissait pas seulement d'insister auprès du roi sur la nécessité de maintenir le régime constitutionnel et d'accepter franchement la société française sortie de la Révolution; les *Mémoires* de Guizot ajoutent « qu'il fallait entrer dans la question de personnes, dire à Louis XVIII que la présence de M. de Blacas, auprès de lui, nuisait essentiellement à sa cause, solliciter l'éloignement du favori, provoquer quelque acte ou quelques paroles publiques, caractériser nettement les intentions du roi, enfin, le pousser à tenir grand compte des conseils et de l'influence de M. de Talleyrand ».

Guizot était le plus jeune de cette réunion, on l'engagea à se charger de cette mission qui devait attirer sur lui tant de colères; il l'accepta sans hésiter.

Quoiqu'il eût à cette époque peu d'expérience des animosités politiques, il entrevit pourtant quel parti ses ennemis pourraient un jour tirer contre lui d'une semblable démarche. « Mais, dit-il, j'aurais honte de moi-même, si la crainte de la responsabilité et les appréhensions de l'avenir pouvaient m'arrêter quand les circonstances m'appellent à faire ce que commande à mes yeux l'intérêt de mon pays. »

Il quittait Paris le 23 mai 1814. Arrivé à Gand, il alla voir d'abord les hommes dont les vues répondaient aux siennes, MM. de Jaucourt, le baron Louis, Beugnot, de Lally-Tollendal, Mounier. Il les trouva très fidèles à la cause constitutionnelle, mais tristes et inquiets parce qu' « ils avaient à lutter incessamment contre les passions et les desseins odieux ou ridicules de l'esprit de réaction ».

Guizot pria le duc de Duras de demander pour lui une audience à Louis XVIII. Le roi le reçut le lendemain, 1er juin, et le garda près d'une heure. Sa correspondance de Gand porte l'empreinte de sa tristesse et de ses soucis. Il avait laissé à Paris sa femme grosse d'un second enfant, après avoir eu la douleur de perdre le premier. Il ignorait à quel moment il pourrait la rejoindre et si la paix en France serait assurée ; ses lettres sont bien intéressantes.

« Sais-tu ce qui m'a décidé ? écrivait-il à Mme Guizot, le désir de devenir tout ce que je dois être pour que rien ne manque à ton bonheur.... C'est à cause de toi que je ne veux négliger aucune occasion de me distinguer des autres hommes ; sans notre union j'aurais vécu dans ma paresse naturelle.... Chère amie, c'est toi qui me donnes de la force, de l'autorité, de la constance.... Malheureusement depuis le jour où j'ai vu le roi, je n'ai eu ici rien à faire et je ne sais trop si cela changera. On se promène, on se visite, on s'ennuie, voilà tout, à peine y a-t-il conseil tous les quinze jours; on ne se rassemble point pour discuter, pour se préparer, pour s'entendre; il semble que lorsqu'on s'est vu une fois, on s'est tout dit. Le parti des hommes éclairés n'a d'espoir qu'en M. de Talleyrand et on l'attend toujours, enfin on assure qu'il arrivera cette semaine.... »

« Il faut voir ce que je vois pour y croire; non, jamais je n'aurais imaginé qu'on puisse être aveugle à ce point. »

Il n'y eut que Pozzo di Borgo qui lui parut un homme vraiment supérieur, plein d'activité et de lumières.

Cependant Louis XVIII quittait Gand le 22 juin; Guizot en partit le lendemain avec Mounier et le soir même ils rejoignirent le roi à Mons.

Peu de temps après, M. Pasquier, devenu garde des sceaux, lui faisait donner le poste de secrétaire général au Ministère de la justice; sa position fut plus assurée lorsque le premier cabinet du duc de Richelieu se forma; les amis de Guizot prirent de l'influence. Il connaissait beaucoup Barbé-Marbois, l'ayant rencontré souvent chez Mme de Rumford et chez Mme Suard; Guizot conserva donc auprès de lui la haute situation qu'il occupait.

La lutte s'engagea presque aussitôt contre la droite royaliste : elle avait son champion, son politique et son philosophe. M. de la Bourdonnaye marchait à la tête de ses passions, M. de Villèle, de ses intérêts, M. de Bonald, de ses idées. Le parti constitutionnel qui s'était formé en 1815, était devenu aussitôt le parti de Guizot, il y était entré avec son ardeur d'esprit et son courage civique, et il le servit d'abord par ses écrits.

Il publiait en 1816 sous ce titre : *Du gouvernement représentatif et de l'état actuel de la France*, son premier ouvrage politique, qui appela sur sa tête les colères de ceux qui n'avaient rien oublié, ni rien appris. Il exposait les principes essentiels du gouvernement constitutionnel, leur sens vrai, leur action réelle et les conditions de leur développement salutaire dans l'état où nos révolutions et nos dissentiments avaient jeté la France. Peu après, Guizot quittait le poste de secrétaire général de la Justice avec M. Barbé-Marbois; et il entrait comme maître des requêtes au conseil d'État. Ce fut l'époque du gouvernement du centre.

Le ministère avait pour appuis, dans la Chambre, des amis indépendants qui approuvaient sa politique, mais n'en acceptaient pas la responsabilité. Ce petit groupe s'appelait *les Doctrinaires*. C'était par leur éloquence plutôt que par leurs actes qu'ils avaient acquis leur influence parlementaire et leur autorité morale. « Ils soutenaient leurs principes sans les appliquer; le drapeau des idées et le drapeau des affaires n'étaient pas dans les mêmes mains; devant les Chambres, les ministres paraissaient souvent les clients des orateurs, ils critiquaient en défendant, ils attaquaient même quelquefois. »

Guizot était devenu conseiller d'État ; il avait vingt-huit ans, son esprit était dans sa pleine maturité ; déjà son rôle de défenseur des classes moyennes s'esquissait. Commissaire du gouvernement, il eut l'honneur de faire ses débuts à la tribune, sous les yeux de M. de Serre, dans la discussion des célèbres lois sur la presse ; il prenait part du reste à la confection de tous les importants projets de loi. Tantôt il suggérait à M. Lainé ses arguments pour la défense de la loi électorale, tantôt il préparait les discours du maréchal Gouvion Saint-Cyr, dans la discussion de la loi militaire. Actif auxiliaire du ministère, il restait cependant lui-même, conservant son entière indépendance de pensée et de conduite. Ses vues étaient plus larges que celles de ses amis politiques. M. Pasquier, qui n'est pas bienveillant pour Guizot, assure que M. de Serre subissait sa domination et que M. Decazes était subjugué par lui ; mais il était, comme protestant, un objet d'aversion pour le parti des *Ultras* ; et *Monsieur* partageait ce sentiment au plus haut degré.

L'influence des Doctrinaires devenait prépondérante par le talent. Leur règne fut vraiment le dernier ministère de M. Decazes (juillet 1819). Guizot lui avait rendu un signalé service en rédigeant le mémoire qui fut mis sous les yeux de Louis XVIII, pour le déterminer à signer l'ordonnance du 5 septembre et à dissoudre la Chambre Introuvable.

Aussi le Ministre de l'intérieur le mit-il à la tête de la direction des affaires départementales et communales, tout en lui conservant son poste au conseil d'État. Guizot faisait ainsi son éducation politique; il était aidé dans sa correspondance par sa femme qui lui tenait lieu de secrétaire.

L'assassinat du duc de Berry (13 février 1820) vint détruire toutes les espérances des libéraux; on sait comment M. Decazes fut amené à donner sa démission. M. de Serre, devenu l'homme important du nouveau cabinet, prit la résolution de se débarrasser des Doctrinaires; et il destitua brutalement, comme conseillers d'État, MM. Royer-Collard, de Barante, Camille Jordan et Guizot.

IV

Il faut lire le second volume des *Souvenirs* de M. de Barante, pour se rendre un compte exact de l'émotion produite dans la haute société parisienne par cet acte violent qui dénouait des liens étroits d'amitié. Mme la duchesse de Broglie, qui était l'âme des Doctrinaires, s'est fort honorée en ce temps-là par l'ardeur d'émotion avec laquelle elle sentit l'outrage fait à ses amis et par le souci qu'elle avait de l'existence difficile du ménage de Guizot.

« Non, jamais de ma vie, écrivait-elle à M. de Barante (le 21 juillet 1820), je n'ai éprouvé une indignation pareille à celle que j'éprouve contre M. de Serre. Nous avons traité cette question-là deux jours avant mon départ et il s'est exprimé comme moi. Il y a là dedans une telle médiocrité de vues que cela me révolte, et vis-à-vis de M. Guizot surtout! Il y a une abnégation du sort de ses amis, un sacrifice de leur existence qui me paraît sans exemple; j'en souffre beaucoup et je sens qu'il me sera insupportable de le revoir.... »

25 octobre 1820 : « M. de Serre va comme un fou furieux contre les Doctrinaires; l'autre jour, il a demandé à quelqu'un : « Ces doctrinaires qui sont « si arrogants, combien sont-ils? » — Il avait oublié la règle de soustraction qui lui aurait appris que de six ôté un, reste cinq. »

Guizot, le plus maltraité parce qu'il n'était pas, comme les autres, soutenu par une existence personnelle un peu considérable, avait refusé les six mille francs de pension qu'on lui offrait.

Il était résolu à reprendre à la Faculté des lettres son cours d'histoire moderne; on était à la fin de juillet 1820. Mme de Condorcet offrit de lui prêter, pour quelques mois, une maison de campagne qu'elle possédait à 10 lieues de Paris. Guizot accepta; et dans les premiers jours d'août, il s'établissait à *la Maisonnette* avec sa femme et son fils François, qui venait d'avoir cinq ans. La nécessité du labeur était à ses yeux l'aiguillon et le frein dont la mollesse et la mobilité humaines ont souvent besoin. Après deux mois de séjour à la campagne, il publiait sous ce titre : *Du Gouvernement de la France depuis la Restauration et du Ministère actuel*, son premier pamphlet contre la politique qui prévalait, depuis que le duc de Richelieu, en s'alliant avec la Droite, avait changé la direction du pouvoir.

Guizot se plaçait sur le terrain où les Cent-Jours et la Chambre de 1815 avaient circonscrit la lutte : qui aura, dans le gouvernement de la France, l'influence prépondérante? Les vainqueurs ou les vaincus de 89, les classes moyennes ou les classes jadis privilégiées? Il soutenait avec esprit et avec ardeur la cause de la société nouvelle, ayant l'égalité devant la loi pour premier principe et les classes moyennes pour élément fondamental; son talent d'observation philosophique agrandissait cette cause, en la reportant dans le passé et en retrouvant ses vicissitudes dans tout le cours de notre histoire. L'ouvrage avait eu grand succès.

Cette vie de solitude et de travail à côté de la noble femme qui partageait ses efforts plaisait à Guizot. Pendant une absence de quelques jours employés à Paris à corriger des épreuves, il écrivait à Pauline :

« Je te porte, je te trouve partout, toi et le bonheur que tu me donnes; loin, tout te rappelle à moi; près, tu me fais tout oublier; ma vie, c'est ta pensée; et pourtant cette vie si exclusivement dévouée à toi, je la sens libre, active, étendue. »

Il y eut peu d'années plus fécondes dans l'existence laborieuse de Guizot que les années 1820 et 1821 : il avait recommencé son cours à la Faculté des lettres, et avait choisi pour sujet les origines du gouvernement représentatif. Depuis près de six ans, il venait de prendre une part active aux essais de fondation de ce gouvernement; il avait à cœur de mettre en lumière les efforts intermittents, mais toujours renaissants de la société française pour sortir du chaos, de retracer tantôt les luttes, tantôt l'accord de ces divers éléments, royauté, noblesse, clergé, bourgeoisie et peuple, dans les longues phases de notre douloureuse destinée. Il exposait ses idées devant un auditoire qui n'était pas encore celui des dernières années de la Restauration; cet auditoire se composait surtout de jeunes gens appartenant aux Écoles savantes et de quelques amateurs des études historiques. Le jeune professeur gagna bien vite du terrain dans leur esprit. C'était un commencement d'éducation politique dans un milieu, restreint sans doute, mais qui n'attendait de progrès que des conspirations.

En même temps qu'il semait des idées par son enseignement, Guizot n'avait pas cessé d'écrire; il préparait un second pamphlet, sous ce titre : *Des moyens de gouvernement et d'opposition dans l'état actuel de la France.* Le désir lui était venu de prouver que l'esprit gouvernemental ne faisait plus défaut au pays. La France n'avait connu la liberté politique que par la révolution, et l'ordre que par le despotisme; leur harmonie paraissait une chimère; Guizot entreprenait d'établir que cette chimère pouvait devenir une réalité. Son ardente préoccupation était de faire pénétrer au sein du régime constitutionnel des idées de légalité.

Il n'y réussissait guère. C'était précisément l'époque où les complots les plus mal conduits n'aboutissaient qu'à faire couler un sang généreux; si nul homme politique n'a, plus que Guizot, réprouvé ces tentatives où d'ardents esprits croyaient trouver le moyen de donner la vie à leurs rêves, nul aussi n'admirait plus haut le sincère et courageux dévouement de tant d'héroïques jeunes gens à leur cause. Il se préparait à le dire dans de nouveaux écrits, lorsqu'il conduisit sa femme à Nîmes (1821).

La mère de Guizot y remplissait sa tâche auprès de vieux parents; les voyages en ce temps-là étaient difficiles, l'étroitesse de la fortune les rendait plus difficiles encore : il y avait sept ans que Guizot était absent et qu'il n'avait vu sa mère.

Parmi les amis qu'il avait laissés à Paris et avec qui il correspondait, aucun ne lui était plus cher que Prosper de Barante; leur amitié ne finit qu'avec leur vie. C'est à Prosper de Barante que Guizot confie les observations que fait naître en lui son séjour en province, et nous sommes encore frappés aujourd'hui de leur justesse : « Dans l'état actuel de l'administration et de l'ordre social, écrit-il de Nîmes le 7 juillet 1821 à l'auteur de l'*Histoire des ducs de Bourgogne*, les départements sont condamnés à la politique expectante; la moindre politique active leur est absolument impossible; tant qu'il en sera ainsi, il n'y a rien à fonder, ni à espérer. De toute nécessité il faut sortir de cette ornière, appeler les influences au pouvoir et permettre à la vie de se manifester là où elle est. La raison ne peut venir que d'en haut, cela est sûr; mais la vie ne peut monter que d'en bas; elle est dans les racines de la société, comme dans celles de l'arbre. Il est fou de prétendre expédier du pouvoir sous bande. »

Et dans une autre lettre datée aussi de Nîmes, à un mois près, et écrite au jeune homme le plus mûr, le plus brillant à coup sûr de sa génération, celui qu'on appelait si justement le Prince de la jeunesse (nous avons nommé Charles de Rémusat), M. Guizot, revenant sur ses mêmes impressions, ajoutait : « Il faut mettre de l'action partout; provoquer l'action, la spontanéité, c'est la condition de la liberté; vous n'obtiendrez jamais autrement les influences réelles dont vous avez besoin pour gouverner ».

Qu'on ne croie pas que cet esprit réfléchi ne se déride jamais! Nous n'avons qu'à continuer de lire cette lettre : « Je le crois bien que Mme de Broglie est fière de nous avoir donné un garçon. C'est une très belle chose qu'un garçon! Voyez déjà le mien. Il a ici un grand succès, on lui trouve les gestes doctrinaires. A propos de doctrinaires, j'en avais, hier soir, huit chez moi; oui, monsieur, huit, moi inclusivement; et pour le coup, j'ai autorisé ma femme à chanter votre chanson; on ne lui a trouvé qu'un défaut, c'est sa modestie; que la prochaine soit un peu plus fière! Au fait, nous sommes ici fort accrédités; encore quelques échecs, nous serons au mieux; nous avions besoin de tomber, mais la chute nous sied parfaitement. »

Tous ceux qui connaissent la *Correspondance* de M. de Rémusat pendant les premières années de la Restauration, savent comment cette intelligence ouverte à toutes les curiosités s'adonnait, pour le vif plaisir de ses amis, au goût du jour, la chanson politique. Celle des Doctrinaires, *le Néophyte* [1], eut beaucoup de succès; ce n'était pas la seule qui fût célèbre dans ce monde d'élite. Dans une autre lettre à Pauline (1821), M. Guizot lui dit : « Charles a fait une chanson charmante contre les ministres qui se plaignent du sérieux des jeunes gens et les renvoient à faire des chansons : *Monseigneur aura des chansons!* Qu'on dise que les Doctrinaires ne sont pas un corps d'armée complet! Ils ont même une musique. »

Au milieu des jours troublés qui suivirent la chute de M. Decazes, Guizot gardait la sérénité de son intelligence. Les deux écrits qu'il publiait à six mois d'intervalle (1821-1822), l'un intitulé : *Des Conspirations et de la Justice politique*, l'autre : *De la Peine de mort en matière politique*, étaient animés du souffle le plus libéral. Il avait à cœur de convaincre le pouvoir lui-même, pour qu'il rendît rares les

1. T. V, p. 140.

procès politiques, et les exécutions capitales plus rares encore. Le sentiment public, d'accord avec le courageux écrivain, lui en sut gré.

C'étaient quatre ouvrages qui paraissaient coup sur coup, en moins de deux ans; et quand on pense qu'en même temps Guizot avait à préparer le cours de l'Histoire moderne qu'il avait ouvert le 7 décembre 1820, on reste frappé de la vigueur et de la fécondité de ce puissant cerveau et de cette force de volonté.

V

Sa femme lui était d'un grand secours : tout en travaillant beaucoup elle-même et écrivant son petit roman *l'Ecolier*, elle revisait la traduction de Shakespeare de Letourneur. « Comme la contemplation d'une vie comme la nôtre, cher bien-aimé, écrivait-elle à son mari, est une chose qui repose l'âme! Ah! combien peu de gens savent ce que c'est que le bonheur! Mon ami, que je t'aime! Comme mon âme vole à chaque instant vers toi! Comme j'ai besoin de retenir continuellement cet essor qui me laisserait ici à terre, sans force et sans vie!... Tout ce qu'il y a en moi de meilleur s'est assimilé à toi : *Rome n'est plus dans Rome.* »

Rien n'est plus attachant que le spectacle d'une

3

indéracinable intimité et d'un labeur obstiné de deux êtres supérieurs. Un nouveau trouble vint encore diminuer la sécurité du foyer. Le cabinet de M. de Villèle jugea le cours de Guizot dangereux, et le 12 octobre 1822, M. l'abbé de Frayssinous, grand maître de l'Université, en ordonna la suppression.

Mme Guizot se préoccupa d'assurer au ménage un travail de longue haleine : elle projetait deux vastes entreprises, la publication de deux collections de Mémoires, l'une relative à l'ancienne *Histoire de France*, l'autre spéciale à la *Révolution d'Angleterre*. Elle craignait que l'imagination de son mari n'eût pas assez de variété et ne s'exerçât pas sur des sujets d'un intérêt assez étendu.

Ses lettres l'eurent bientôt convaincu. Mme Guizot était allée passer quelques semaines au Bois-Milet, près de Montargis, chez son frère le général de Meulan, qui avait épousé Mlle Aline de Turpin-Crissé; Guizot était resté à Paris pour travailler. Son délassement était d'écrire à Pauline : « Mais je ne me l'accorde qu'après avoir fini ma journée ».

« J'ai beau faire, la pensée que je vais te revoir m'obsède invinciblement. Tout à l'heure, en dînant chez Royer, je me suis surpris cinq ou six fois, perdant le fil de la conversation, assis près de toi, à te regarder, à sourire à tous tes mouvements, à toutes tes paroles. On a grande raison de dire des gens qui s'aiment, qu'ils se possèdent; c'est une vraie possession.... »

Et, çà et là, dans ces lettres d'une passionnée

tendresse, on rencontre des réflexions profondes, ou bien un portrait en quelques lignes, comme celui de Benjamin Constant, par exemple : « Je vais dîner chez Mme de Broglie, avec Constant, le plus clairvoyant et le plus impuissant des hommes, qui fera ce qu'il ne veut pas, par ordre de gens qu'il méprise. Il faut que tout cela s'use, dit-il, et il est lui-même plus usé que tout. Quelle pitié ! » (1821.)

Les absences étaient rares. Comme la plupart des hommes de son temps, qui étaient épris de conversation, Guizot préférait le commerce des hommes à la nature. Il pensait sur ce point comme Mme de Staël. Ce fut l'âge, le besoin de repos qui l'amenèrent à accepter la campagne; et encore, disent ceux qui l'ont le mieux connu, ce fut plutôt le dégoût des paroles inutiles qui le conduisit à la solitude.

Il n'en était pas ainsi en 1821 : une causerie avec M. Charles de Rémusat ou avec M. de Barante le délassait plus que tous les voyages. Son amitié pour M. de Rémusat était alors des plus vives; il la lui témoignait en toute circonstance. La publication du premier article de Charles, sous le patronage de M. Guizot, avait été un événement. Sa mère, Mme de Rémusat, d'un tour d'esprit si délicat et si juste, si aisé et si ingénieux, venait de mourir (décembre 1821). Guizot écrit à son fils ces lignes empreintes de cette sensibilité concentrée que son éducation lui avait donnée :

« Je voudrais que vous sussiez combien j'ai été saisi

de votre douleur. Je crois beaucoup à la puissance des liens naturels! Qu'est-ce donc quand la mère qu'on a reçue était celle qu'on eût choisie! Je m'étais souvent promis qu'un temps viendrait où la vôtre entrerait encore plus avant dans notre intérieur, où la communauté de nos opinions, de nos sentiments, amènerait cette intimité de la vie qui a quelque chose de si doux et de si fort. Tout cela est rompu, il faut y renoncer, et ce que je m'étais promis, vous, vous l'aviez; ce que j'espérais vous l'avez perdu. Ne me parlez pas de votre chagrin; je le sens, comme vous le sentez. Ne vous plaignez pas non plus, il faut le garder, comme ce qui est légitime. — C'est mon plus grand sujet d'irritation contre les hommes et le monde que le besoin et la facilité de l'oubli. Je suis encore jeune, mais, déjà depuis longtemps, la vraie mesure de la force des âmes est pour moi dans la durée d'une juste douleur. Il n'est pas vrai que le temps console; il efface, et c'est une honte que de se consoler de la sorte. »

Jamais rien de banal ne tombait des lèvres et du cœur de Guizot. Après quelques mois de mariage, Charles de Rémusat était frappé d'un nouveau deuil. Il perdait sa jeune femme, Mlle Perier, nièce de Casimir Perier. Guizot lui écrivait :

« Mon malheureux ami, vous seul pouvez quelque chose pour vous-même; vous seul pouvez non pas vous consoler, mais vous soutenir et marcher encore debout sous un tel fardeau. Repliez-vous sur vous-même! Là est la blessure, là aussi est la force; et si, par moments, vous trouvez quelque douceur à penser que votre peine, votre amertume, vos plus douloureuses impressions retentissent quelque part, que vous n'éprouvez rien, ne pensez rien qui ne soit partagé par un cœur ami, soyez sûr que cela est, que, depuis huit jours, je ne quitte pas mes affaires, je ne suis pas un instant seul et inoccupé, sans vous avoir là devant les yeux. Adieu, adieu; si vous donnez de vos nouvelles à quelqu'un, que j'en reçoive!... »

VI

Sa correspondance avec son ami M. de Barante revêt un tout autre caractère. Les appréciations des faits et des actes de la Droite s'y succèdent avec une rigueur de jugement qui ne se déguise pas.

« Tout ce monde, dit-il (1er juillet 1822), est stationnaire comme des gens qui font leur éducation et s'aperçoivent qu'ils en avaient besoin. Au milieu de cette atonie, la guerre d'Espagne est probable, très probable même et peut donner à toutes choses une bien autre physionomie. Le fond du parti s'en promet de la force; on dirait qu'il cherche partout un principe de fièvre qu'il ne trouve plus en lui-même.... »

22 septembre 1822 : « Quoique rien ne soit changé,

le nouvel aspect qu'a pris ce qui était, vaut la peine qu'on vous en écrive. Ces procès, ces exécutions, la poursuite de B. Constant, le parti évidemment pris de mettre à la publicité des journaux toute sorte d'entraves, tout cela a donné à toutes choses une physionomie sombre très remarquable. Les agents subalternes disent à qui veut l'entendre, qu'il faut que l'un des deux partis succombe et succombe tout à fait, qu'ils ne peuvent vivre ensemble. En supposant qu'on ne veuille pas davantage, ce que je suis porté à croire, il est clair qu'on voudrait inspirer à quelques personnes assez de craintes pour les décider à quitter la France. On dit tout haut : « Ils nous « ont forcés d'émigrer, qu'ils s'en aillent aussi ; nous « ne leur prendrons pas leurs biens ; c'est mieux qu'ils « nous ont traités. » ...La suppression de l'École normale est un événement assez grave. On veut détruire toute pépinière laïque pour les collèges ; cela a fait de l'effet. Le public est, sur tout ce qui rappelle le clergé, plus irritable que sur tout autre point ; je lui conseille cependant de s'y accoutumer. C'est un singulier spectacle que celui d'une Révolution si longtemps victorieuse et qui se voit traitée de la sorte. Elle n'y peut pas croire et passe, sans intermédiaire, de la surprise à l'abattement. »

10 juillet 1823 : « Vous avez raison de travailler. C'est un refuge et aussi un moyen d'action bien éloigné, bien indirect et pourtant réel. Il n'y a pas lieu au découragement ; et parmi les hommes dont on se souvient, parce qu'ils ne se sont point décou-

ragés, il en est bien peu qui n'aient point passé par de plus rudes épreuves et subi des revers et qui semblaient moins en possession de l'avenir.... Je me rappelle que Baring me dit un jour que les *Whigs* ne recrutaient plus en Angleterre presque aucun jeune homme distingué, qu'ils se faisaient tous *Tories* ou *Radicaux*. J'en conclus et il en convint, que les *Whigs* étaient un parti perdu. Tous les jeunes gens distingués viennent à nous. »

Cette espérance et cette confiance, Guizot les portait dans l'intimité; depuis qu'il avait été destitué de ses fonctions de professeur, il se consolait par un plus grand effort de travail d'avoir perdu cette tribune. Son esprit était toujours en mouvement et son modeste salon était l'un des centres les plus animés de Paris. Son intérieur s'était accru. Le grand-père maternel, M. Bonicel, était mort fort âgé à Nîmes, sa femme l'avait précédé dans la tombe; leur fille, Mme Guizot mère, libre des devoirs qu'elle avait remplis jusqu'au bout, avait quitté la province et s'était fixée à Paris dans la maison de son fils aîné.

Un grand chagrin vint en ce moment atteindre la famille. La sœur de Pauline, Mme Dillon, épouse en secondes noces de M. de Vaines, mourut en novembre 1823, confiant à sa fille Elisa, qui n'avait pas encore vingt ans, l'éducation d'un petit frère de six ans et le soin de veiller sur une sœur cadette d'une santé délicate. M. de Vaines avait été destitué comme préfet; il vivait à Paris; sa belle-fille,

Mlle Dillon, partageait les intérêts et les occupations de M. et Mme Guizot. Douée d'une rare mémoire et d'une grande imagination, elle s'appliquait fortement à l'étude. Guizot avait excité autour de lui une activité toujours croissante dans le domaine historique; il avait commencé en 1823 la publication de la collection des *Mémoires relatifs à l'ancienne Histoire de France*. « La traduction de Grégoire de Tours par Mme Guizot parut alors à tous un chef-d'œuvre d'exactitude et de simplicité. »

Guizot préparait en même temps un de ses plus beaux livres, ses *Essais sur l'histoire de France au* v^e *siècle*. Il s'adonna ensuite sérieusement à l'étude de l'Angleterre, de ses institutions et des longues luttes qui les ont fondées. Ces travaux étaient en harmonie avec les instincts et les besoins de l'époque; les *Mémoires relatifs à la révolution d'Angleterre* étaient accueillis, par un public d'élite, avec un empressement dont témoignent les lettres de Mme la duchesse de Broglie à M. de Barante.

De son côté, Mme Guizot commençait à écrire l'ouvrage qu'elle a fait le plus librement, ses *Conseils de Morale*. Elle avait beaucoup réfléchi sur l'éducation en s'occupant de celle de son fils. « Jamais il n'y en eut de plus libérale. » Elle n'écrivit donc rien à ce sujet qu'elle n'eût appliqué. Son élévation de sentiments, la finesse et la droiture de son esprit se développaient à l'aise dans cette dernière œuvre. Tout en restant une femme du XVIIIe siècle, elle résumait le but de l'éducation en disant « qu'elle consiste à tourner la volonté des enfants sur eux-mêmes ; que l'éducation doit s'aider, pour y parvenir, du besoin de la liberté qui est la base nécessaire de l'obéissance ».

Mme Guizot donnait à ce livre le reste de ses forces; sa santé, usée par un labeur continu et par les émotions, s'affaiblissait graduellement Le désir de fuir de Paris, qu'elle n'avait presque jamais quitté, s'était emparé d'elle. Elle n'avait rien vu, rien connu, sa vie avait été aussi immobile que laborieuse, « elle avait beaucoup senti, beaucoup réfléchi ; mais tout s'était passé dans son âme et elle avait tout tiré d'elle-même. Et cependant, quoique vieillie et fatiguée, l'idée seule d'un beau pays, de quelque spectacle, de quelque scène inconnue et intéressante, lui rendait de la jeunesse et de la force ».

Ce désir passionné fit céder toutes les objections de la tendresse et même les hésitations des médecins. Seul, parmi ses amis, Royer-Collard l'avait encouragée à partir. L'illustre chirurgien Boyer conseilla les eaux de Plombières; les yeux, le visage de Mme Guizot furent inondés d'une joie inquiète; elle ne pouvait croire qu'une telle espérance lui fût permise; la pauvre femme redoutait que des objections, des obstacles vinssent la lui enlever. Enfin, elle partit. Son mari, sa belle-mère, sa fille et Mlle Dillon l'accompagnaient. Elle avait quitté Paris pleine d'une joyeuse confiance. Elle revint anéantie, découragée, vaincue par une souffrance au-dessus des forces humaines. Le 1er août 1827, elle s'éteignit, pendant que son mari, assis à côté d'elle, lui lisait une page de Bossuet sur l'immortalité de l'âme et la vie future.

VII

Tous les amis de Guizot sentirent la profondeur de sa douleur, par l'étendue de la perte qu'il venait de faire; de toutes les lettres qu'il reçut alors, aucune ne lui entra plus dans le cœur que celle de M. de Barante; nous aimons à en reproduire quelques lignes.

« 4 août. — Je cherche ce qui vous apportera quelque consolation, et il me semble que vous devez songer avec une sorte de satisfaction, à tout le bonheur que vous lui avez donné, à cette perfection de tendresse, de soin, d'égalité qu'elle a toujours trouvée en vous; et vous étant choisis mutuellement avec une vive affection, elle n'a pas eu un mécompte : il n'y a pas eu une désillusion; voilà ce que vous avez droit de vous dire. Je ne vous parle d'elle que pour vous. Qu'avez-vous à faire de nos regrets à nous, de l'admiration que nous avions pour son caractère, de la sympathie que nous éprouvions pour son talent, du respect que nous inspiraient l'élévation et la pureté de son âme?... »

Ce langage était digne de la femme qui venait d'être enlevée à celui qu'elle aimait. Elle seule peut-être avait connu Guizot par ces intuitions du cœur qui ne trompent pas.

« Cher ami, lui disait-elle un jour, quand je lis et relis tes lettres si charmantes, tes expressions d'une tendresse si simple, je pourrais dire si jeunes, et que je pense à l'idée que se font de toi beaucoup de gens : « cet orgueilleux, cet ambitieux, ce cœur froid, « cette tête calculatrice », cela me présente un contraste si singulier, que je ne puis m'irriter de ces sots jugements ; je ris à l'effet que produiraient tes lettres.... » « C'est une chose admirable, ajoutait-elle, avec une pointe d'ironie, que les jugements des hommes, et l'on ne s'en soucie, Dieu merci! pas plus que de raison. »

La réponse de Guizot à M. de Barante honore son cœur (8 août 1827) :

« Mon cher ami, vous m'avez dit les seules paroles qui m'atteignent : elle a été heureuse par moi, tout à fait, sans mélange, jusqu'au dernier moment.

« Nous nous sommes séparés aussi tard qu'il se peut ; elle a vécu aussi avant dans le tombeau, je l'y ai accompagnée aussi loin qu'il peut nous être donné. Elle est morte en m'écoutant lire le sermon de Bossuet sur l'Immortalité de l'âme ; je sais à quel endroit, à quelle phrase elle a cessé de m'entendre ; deux minutes auparavant, déjà ses sens s'étaient troublés, elle a fait effort pour les rappeler. Évidemment elle voulait suivre, jusqu'au bout, un bon et sublime raisonnement de Bossuet; l'effort lui a réussi, elle est rentrée en possession d'elle-même; elle a entendu la fin du paragraphe; et alors, à la lettre, elle nous a quittés sur les ailes d'une excellente preuve de l'immortalité : un quart d'heure encore, ne m'entendant plus, ne me voyant plus, de moment en moment, elle me serrait la main; dix minutes après, elle avait complètement cessé de respirer, sans qu'aucun mouvement, aucune altération décelât le moindre combat; elle n'était plus, voilà tout. Je ne vous demande pas pardon, mon cher ami, de vous donner tous ces détails; ils sont ma pensée habituelle; il faut que je me taise ou que je parle d'elle, et je suis sûr que vous prendrez plaisir aussi à suivre jusque dans les dernières traces de son passage ici-bas, cette créature si noble et si tendre, une des plus nobles, comme me l'écrit Royer, qui aient jamais honoré la vie humaine. »

Nous citerons une dernière lettre de Guizot (27 septembre 1827). Ses épanchements dévoilent le fond de son âme :

« Ne craignez pas pour moi le découragement, mon cher ami, ce n'est pas mon mal. Je suis comme un homme qui n'a plus de chez lui et qui passera désormais sa vie dans la rue. Je me suis détaché de moi-même, sans personnalité intime; j'appartiens tout entier à l'activité.... C'est le dedans qui ne subsiste plus. Vous savez ce que c'est pour un honnête ouvrier qui a fini sa journée, que de rentrer chez lui, de retrouver sa femme, ses enfants, son feu, de se reposer au sein de cette existence à la fois personnelle et sympathique, où l'homme ne songe plus à rien, excepté à lui-même, à ses affections et à son bonheur. Je ne finirai plus ma journée, je ne rentrerai plus chez moi, je ne retrouverai plus la sympathie dans la vie intime de l'âme, je vivrai toujours au dehors, toujours au travail. »

Mme la duchesse de Broglie, qui assistait avec émotion à ces déchirements, disait à M. de Barante (3 octobre 1827) : « M. Guizot a toujours la liberté de son esprit, il n'a rien perdu de son intérêt pour tout ce qui le mérite, mais il me semble chaque jour plus triste. Il mesure mieux son isolement, et je crois qu'il a fait sur lui-même un plus grand effort dans le commencement que je ne le croyais.... »

Il venait de traverser une crise religieuse ; mais ses croyances avaient été plus fortes et l'avaient emporté. Son fils était près de lui, le fils de Pauline, cœur tendre, esprit ouvert, animé ; cet enfant avait assisté aux derniers moments de sa mère ; son père et lui s'en entretenaient souvent, et l'enfant n'était pas troublé de ce souvenir ; sa mère lui était présente, il avait la plus haute idée d'elle et de ce qui manquait à son père. Ce fils, François, qui devait mourir à vingt-deux ans, « était singulièrement porté à tourner sa tristesse en un attendrissement qui n'ébranlait pas son imagination ». Avec ce doux petit compagnon et le travail, Guizot se reprit à l'existence.

Il fit paraître en 1827 les deux premiers volumes de l'*Histoire de la révolution d'Angleterre*, et dès janvier 1828 il accepta la direction de la *Revue Française*.

En tête du premier numéro paraissait un article de lui, article très attendu où il jugeait les élections qui venaient d'avoir lieu (novembre 1827) et les derniers actes du ministère Villèle ; il annonçait la formation du ministère Martignac. « S'il comprend et accepte la France, disait Guizot, il se hâtera de se mettre en harmonie avec la majorité dont la France vient d'envoyer à la chambre les éléments ; il travaillera lui-même à la lier, à l'étendre, à l'affermir. Le pays a levé sa bannière, il faut la tenir ferme et haute, pour que tous s'y rallient, puis la planter au pied du trône. Cela seul vaut la peine de s'en inquiéter. »

Avant de se replonger dans l'action, Guizot voulut publier l'ouvrage inédit de Pauline, les *Conseils de Morale*, avec une notice biographique qui rappelât aux lecteurs ce qu'avait été celle qui s'était appelée Mme Guizot. Il lui fut impossible d'écrire lui-même ces pages : il avait essayé de toutes les manières, la plume lui était tombée des mains. Il s'adressa au plus jeune de ses amis, Charles de Rémusat, dont les sympathies ne lui avaient pas fait défaut.

« J'ai voulu faire cette biographie, lui disait-il, j'ai écrit, réécrit, j'ai essayé de toutes les manières ; j'ai parlé en mon nom, au nom d'un tiers ; j'ai tenté sous toutes les formes, je ne peux pas, je ne peux absolument pas. Je tombe sur-le-champ dans une intimité, une souffrance qu'il est impossible de laisser voir. »

Charles de Rémusat avait déjà parlé de Mme Guizot dans la *Revue Encyclopédique*. Il compléta son travail avec des notes qui lui furent données, et la notice si délicate, si élevée, si fouillée, fut placée en tête des *Conseils de Morale*. « Pour parler d'elle aux autres, vous seul me convenez », avait dit Guizot, et son désir fut réalisé aussi heureusement que le talent et l'amitié pouvaient le faire.

VIII

La seconde période de sa vie va finir, les événements sont proches, le souffle de la renommée a passé sur son nom. Une occasion se présente où son talent trouve une occasion de se développer et de se faire plus amplement connaître. Le ministère libéral de M. de Martignac rend à Guizot son titre de conseiller d'État et l'autorise à rouvrir son cours, en même temps que ceux de Villemain et de Cousin. Il y avait sept ans que sa chaire était vide. Le public était autrement nombreux, autrement sympathique que celui qui se réunissait autour du premier enseignement de 1812. Ce fut un événement politique autant qu'un événement scientifique.

Les applaudissements qui accueillirent le professeur, au moment où il entrait dans la salle de la Faculté des lettres pour faire sa première leçon, l'émurent. Il en avait gardé, dans sa vieillesse, un profond souvenir.

« Parce que je reviens ici, disait-il à ses auditeurs, il me semble que tout doit y revenir, que rien n'est changé : tout est changé pourtant et bien changé ! Il y a sept ans, nous n'entrions ici qu'avec inquiétude, préoccupés d'un sentiment triste, pesant; nous nous sentions entraînés vers un mal que vainement à force de gravité, de tranquillité, de réserve, nous essayions de détourner. Aujourd'hui nous arrivons tous, vous comme moi, avec confiance et espérance, le cœur en paix et la pensée libre.... La bonne fortune est chanceuse, délicate, fragile; l'espérance a besoin d'être ménagée comme la crainte; la convalescence exige presque les mêmes soins, la même prudence que les approches de la maladie.... Vous les aurez messieurs, j'en suis sûr. »

Ce fut l'honneur de Guizot pendant les trois années que dura son cours sur la civilisation en France et en Europe, de conserver à ses leçons toute la rigueur scientifique, d'éviter toute allusion aux faits du jour, et de fuir toute occasion d'une popularité malsaine. Quelles que fussent les excitations du dehors, l'auditoire demeura toujours à la hauteur où le professeur avait placé son enseignement. Le silence et le respect régnaient sur tous les bancs; le succès ne fut pas moins éclatant.

Ses amis, fiers de sa popularité de bon aloi, songeaient à lui ouvrir les portes de la politique. Il ne repoussait pas ces offres et il répondait à M. de Barante :

« J'ai quarante ans depuis cinq semaines, mais l'année de possession exigée pour la propriété qui rend éligible me manque ; je n'avais pas encore l'âge ; je ne croyais pas du tout la dissolution imminente ; j'étais occupé de tout autres pensées ; bref, il y a cinq ou six mois que j'ai prié M. Perier, qui avait quelques fonds à moi, de vouloir bien les employer à l'achat d'une maison qui fît mon affaire ; l'achat eût-il été fait tout de suite, je n'en serais pas mieux en mesure ; de plus il a traîné, et il faut à présent que j'attende les chances individuelles des morts, des retraites ou des nouveaux événements. J'en suis on ne peut plus vivement contrarié. L'activité extérieure me serait très bonne. Il faut attendre. » (Novembre 1827.)

Une consolation plus vraie allait bientôt remplir son cœur avide d'aimer.

A côté d'elle, Pauline de Meulan avait élevé, comme son enfant, une de ses nièces, Mlle Élisa Dillon. L'affection reconnaissante qu'elle lui avait vouée, sa douleur après la mort de Pauline, sa tante, avaient créé entre M. Guizot et Mlle Dillon de sérieuses sympathies. Il lui écrivait du château de Broglie : « Je recherche les promenades qui lui ont plu, quand nous étions ensemble ; je veux les refaire toutes, jusque dans le moindre sentier et les refaire pour ainsi dire dans les mêmes pas. C'est une grande bonté de la Providence d'avoir permis que les impressions demeurassent en nous si présentes et si vives; Dieu sait si, en me promenant dans ces bois avec elle, il m'est jamais entré dans la pensée que j'y reviendrais seul, et si j'ai jamais fait le moindre effort pour garder la mémoire des endroits où nous passions. Eh bien! je l'ai si bien retenue que lorsque je me mets à rechercher dans ma tête un sentier, tant que je n'ai pas retrouvé le véritable, je suis mécontent, mal à l'aise.... Ce passé est ma vie. »

Un philosophe aurait deviné que l'amour naîtrait de cette communauté de regrets; Mlle Dillon avait vingt-quatre ans, M. Guizot en avait quarante. Avec son instruction rare, son esprit développé, sa maturité précoce, Mlle Dillon prenait peu à peu dans le cœur de Guizot la place de la chère morte : « Élisa, disait-il, c'est Pauline jeune ». Il avait vu se former cette âme; nul ne la connaissait mieux que lui; elle devenait chaque jour, dans ce milieu à la fois tendre et grave, une fille pour la mère de Guizot et presque une mère pour son fils François. Mais aimerait-elle?

Une lettre du 13 juillet 1827, datée de Plombières, faisait pressentir un sentiment qu'elle n'avouait pas. « Tu me dis, chère amie, écrivait Élisa à sa sœur, que j'ai l'air d'avoir renoncé à me marier et que cela te désole. Tu te trompes, je suis persuadée, plus persuadée que personne, que le vrai bonheur, s'il est de ce monde, n'y est que dans le mariage; et je le désire et j'en jouirai plus vivement que je ne le dirai jamais à personne, même à toi. Qu'on touche mon cœur, qu'on se fasse admirer, respecter, je serai la plus docile des esclaves, mais je ne me donnerai pas à moins, j'y suis décidée... ».

L'homme qu'il lui fallait, elle l'avait trouvé; elle aimait tout ce qu'il aimait, même la mémoire de sa tante Pauline, dont elle n'était pas jalouse.

De son côté, Guizot écrivait à l'un de ses amis, M. Piscatory (25 août) : « J'étais sûr que vous me comprendriez et que vous jouiriez vivement de mon bonheur. Aussi j'étais pressé que vous le sussiez; certainement il me fallait ce que j'ai trouvé; quelque chose de moins, et je n'aurais pas pu me contenter de tout. Mais j'ai tout, absolument tout ce qu'il me fallait.... J'hésite à dire à quel point je me trouve bien traité par la destinée. J'ai peur quelquefois que ce ne soit trop bien. »

Le mariage eut lieu le 8 novembre 1828. Dès les premiers jours de son union, Élisa Guizot prit, comme Pauline, une large part à la vie intellectuelle de son mari. C'était elle qui dépouillait la correspondance de la *Revue Française* et qui s'était chargée de la Revue bibliographique paraissant à la fin de chaque numéro. Elle accomplissait cette tâche délicate avec autant de justesse que de goût; elle aidait son mari à recueillir des matériaux pour la préparation de son cours. Guizot menait de front un travail écrasant; il trouvait le temps de s'intéresser aux travaux de ses amis, spécialement à ceux de M. de Barante, qui préparait alors une Histoire du Parlement de Paris dont il n'a écrit que l'Introduction. La pénétration de son esprit était extraordinaire.

« Si je ne m'abuse, écrivait-il, le 3 août 1829, à cet ami fidèle, vous serez conduit à expliquer beaucoup de choses par la variété des origines ; c'est le fait dont je suis le plus frappé dans toute notre ancienne histoire : elle est prodigieusement complexe ; une foule de causes et d'éléments hétérogènes y ont concouru : aucun assez fort pour dominer seul, assez apparent pour tout éclairer. Il n'y a presque aucun fait où l'on ne retrouve, en y regardant de près, du romain, du germain, du laïque, du religieux, du païen, du chrétien, du despotisme et de la barbarie. Il ne s'est jamais vu un tel pêle-mêle, et le grand secret de la nouvelle école historique sera, je crois, de bien constater partout la présence de tous ces éléments, et de faire à chacun sa part. »

Il guidait, dans ses projets d'une *Histoire de l'Aquitaine*, un autre de ses amis, un de ses futurs collaborateurs politiques, M. Dumon, et il lui indiquait, dans une lettre de la même époque, les sources où il devait puiser. Ces hommes supérieurs appartenant à l'opposition constitutionnelle attendaient les événements dans un laborieux recueillement. Le ministère Polignac les mit tous debout. Les événements en effet étaient proches.

Le 21 août 1829, Guizot sonne l'alarme dans une lettre à M. de Barante :

« Mon cher ami, vous voyez leurs débuts.... On demandait hier à Labourdonnaye ce qu'il comptait faire : « Je ne sais rien, je ne veux rien, je ne fais « rien, j'ai six mois devant moi ». — C'est là en effet toute leur politique. Si la Chambre devait se réunir demain, peut-être tomberaient-ils aujourd'hui, peut-être feraient-ils après-demain un coup d'État; l'un et l'autre est possible.... Le bon plaisir qui les a élevés peut les soutenir à tout prix. Nous verrons, mais, à coup sûr, la crise décidera bien des choses. Elle avancerait fort, si le *Journal des Débats* était acquitté; tout donne à croire qu'il le sera en cour royale, le tribunal de première instance est moins sûr. Ils ont là un rude ennemi et qui leur fait chaque jour plus de mal.... Quoi qu'il en soit, tenez que le printemps prochain ne nous trouvera pas ce que nous sommes. Nous aurons triomphé ou nous en serons à délibérer s'il faut payer l'impôt. »

Les portes de la vie politique s'ouvraient pour Guizot peu de jours après cette lettre. Le 15 octobre 1829, la mort du savant chimiste Vauquelin fit vaquer un siège à la Chambre des députés, où il représentait les arrondissements de Lisieux et de Pont-l'Évêque; les hommes les plus considérables du parti libéral vinrent offrir à Guizot leur concours. Il n'avait jamais habité, ni même visité la Normandie, néanmoins toute la jeunesse intelligente du Calvados patronna avec ardeur sa candidature; elle fut appuyée à Paris par toutes les nuances de l'opposition, depuis Lafayette, Royer-Collard, le duc de Broglie, Dupont de l'Eure, d'Argenson, jusqu'à Bertin de Vaux et Chateaubriand. Guizot pour recevoir le baptême libéral était allé passer huit jours au château de la Grange, chez le Patriarche de la liberté.

Soutenu par un grand mouvement d'opinion, il fut élu le 23 janvier 1830 à une forte majorité. Le lendemain du jour où son élection fut connue à Paris, il faisait sa leçon à la Sorbonne; au moment où il entra dans la salle, l'auditoire entier se leva et des applaudissements éclatèrent. Il connut alors les émotions de la popularité qu'il ne devait plus retrouver. Berryer et lui, nouveaux venus l'un et l'autre dans la Chambre des députés, montèrent pour la première fois à la tribune, lors de la discussion de l'adresse des 221, l'un pour attaquer le projet de rédaction, l'autre pour le soutenir.

On sait que le 19 mars, Charles X prorogeait la Chambre et, le 16 mai, prononçait sa dissolution. Le sort en était jeté!

Guizot était du côté de la résistance légale comme s'il eût vécu du temps de Charles Ier d'Angleterre. Membre de la société *Aide-toi, le Ciel t'aidera*, il ne reculait pas, en prévision d'un coup d'État, devant le refus de l'impôt.

Assuré de sa réélection dans le Calvados, il partit pour Nîmes afin de prêter à ses amis le secours de sa parole et de son action. Il écrivait à sa femme 26 juin : « Sois tranquille, s'il y avait jamais dans ma vie politique quelque danger, je te voudrais près de moi; je t'y appellerais si tu n'y étais pas naturellement. Nous sommes unis pour la bonne et la mauvaise fortune.... Au milieu de l'orage, nous serons ensemble, nous le combattrons ou nous le supporterons ensemble.... »

Les tendances de l'esprit conservateur de Guizot se manifestent à travers ses ardeurs d'opposition. Il eût préféré que les revendications politiques fussent toujours contenues dans les voies légales; il n'entrevoyait qu'avec inquiétude les aventures; dans ses vues sur l'avenir et dans ses jugements sur les choses humaines, une autre tendance s'accuse en lui, c'est la nature de son esprit religieux.

« Personne, dit-il, dans une lettre datée du même mois, n'est plus fermement confiant que moi dans la Providence, plus soumis de cœur à sa volonté; mais lorsque ma transformation intellectuelle s'est accomplie, lorsque mes idées se sont fixées, mes regards se sont surtout dirigés vers l'ensemble des choses, sur la destinée de l'humanité, le cours, les lois, le but de son développement. C'est là surtout que l'intervention divine a éclaté à mes yeux, que j'ai reconnu clairement, irrévocablement la pensée et la volonté suprêmes. Je les trouve manifestes dans l'histoire du monde, d'une façon aussi certaine que dans la marche des astres; je vois Dieu dans les lois qui règlent le progrès du genre humain aussi présent, aussi évident, bien plus évident, selon moi, que dans celles qui président au lever et au coucher du soleil. Quand il s'agit des desseins de Dieu sur chacun de nous, je me confie, je m'humilie, car je me sens dans les ténèbres; quand il s'agit du dessein de Dieu sur le genre humain, je contemple et j'adore, car le jour m'inonde de toutes parts. »

Sa femme, qui était restée à Paris et qui voyait de plus près les événements, lui adressait des notes où elle pressentait un coup d'État; toute sa préoccupation, dans cette conjecture, était de ne pas être séparée de son mari.

« Je te l'ai déjà dit, mon bien-aimé, lui écrivait-elle à Nîmes, et je veux te le redire : si les mauvais jours venaient pour les amis du pays, je te réponds de mon courage, mais à une seule condition, c'est que je sois partout avec toi, prenant ma part de la peine et même du danger. »

Pleine de bon sens et d'autorité, elle dirigeait seule la *Revue Française*, pendant que son mari était dans le Midi. En juillet, les responsabilités grandissant, elle lui envoie ce dernier mot qui dénote bien l'état d'esprit de la bourgeoisie française à la veille de la révolution de 1830 : « Ainsi que le disait lady Essex, agis comme si tu n'avais ni femme, ni enfant. Cela m'arrache le cœur de le dire, mais je le dis, parce que pour moi-même j'aime mieux ton honneur et ta conscience que ta présence. »

Quelles femmes se sont associées à la destinée de M. Guizot! Quelle vigueur de caractère unie à des âmes tendres! Et comme il faut être entré dans sa vie domestique et dans ses affections pour juger avec équité l'homme d'État qui va se révéler!

Il quittait Nîmes le 23 juillet, content des élections auxquelles il avait concouru, satisfait des dispositions générales qu'il avait rencontrées, et anxieux de savoir comment il faudrait s'y prendre pour faire prévaloir dans les Chambres et accepter par Charles X les vœux résolus, mais modérés et honnêtes du pays. Ce fut seulement le 26, en passant à Pouilly, qu'il sut par le courrier de la poste la première nouvelle des Ordonnances. Arrivé à Paris le 27, à cinq heures du matin, il recevait à onze heures un billet de Casimir Perier qui l'engageait à se rendre chez lui, où quelques-uns des députés devaient se réunir. « La lutte était à peine commencée, et déjà tout l'établissement de la Restauration, institutions et personnes, était en visible et pressant péril. »

La vie de Guizot va se confondre avec l'histoire même de la France pendant dix-huit ans. Nul n'était mieux préparé que lui pour monter au pouvoir. Il avait quarante-trois ans; ses doctrines, ses croyances, son jugement, son caractère sont arrêtés et ne changeront pas, mais il lui restait à subir la plus dangereuse des épreuves, et la plus décisive, celle du gouvernement. Comment en sortira-t-il?

IX

Nous entrons avec Guizot dans l'époque où il a touché de près, et avec quelque puissance, aux affaires de la France. Il avait l'esprit plein de la révolution de 1688 en Angleterre, de son succès, du gouvernement libre qu'elle avait fondé. Il a cependant affirmé dans ses *Mémoires* que s'il eût dépendu du roi Louis-Philippe de consolider définitivement la restauration, il eût, sans hésiter, pour lui-même et pour sa famille, comme pour la France, préféré la sécurité de cet avenir aux perspectives que la révolution de Juillet pouvait lui offrir.

Homme de gouvernement, Guizot, dès le premier jour, fut effrayé du spectacle auquel il assistait de très près. Il prit dès lors la résolution de se vouer corps et âme à la résistance dans la légalité.

Le 31 juillet, à la veille de se dissoudre, la commission municipale, sous l'influence de Mauguin (que Guizot exécute en quelques lignes, dans un de ses portraits où il excelle), s'était donné le plaisir de nommer des commissaires, aux divers départements ministériels. C'est ainsi qu'elle avait nommé Guizot commissaire provisoire à l'Instruction publique. Le lendemain, 1er août, le duc d'Orléans, comme Lieutenant général du royaume, l'appelait au Ministère de l'intérieur. Bien que le premier cabinet fût partagé entre les deux tendances qui s'étaient manifestées lors de la revision de la charte, Guizot, quoique frappé de ce défaut, se mit résolument à l'œuvre.

Il passa trois mois au Ministère de l'intérieur, occupé à réorganiser l'administration, donnant ses audiences à quatre heures du matin. Ses forces s'écoulaient rapidement, « comme les eaux d'une source, dont on ouvre tous les canaux sans se soucier de l'épuiser ». Sa fatigue était devenue à ce point visible, qu'un jour, au conseil, Casimir Perier, qui lui portait de l'intérêt, dit au roi : « Sire, vous avez besoin encore longtemps de M. Guizot, dites-lui de ne pas se tuer tout de suite à votre service ».

Au milieu de ce surmenage qui suit les jours de révolution, son ami M. Lenormant lui amena à déjeuner Rossini, à qui les journées de Juillet avaient causé quelque déplaisance. Le Ministre de l'intérieur causa avec abandon, et Rossini le frappa « par son esprit animé, varié, ouvert à toutes choses, gai sans vulgarité, et moqueur sans amertume ». L'auteur du *Barbier* et de *Moïse* quitta Guizot après une demi-heure de conversation agréable; mais cette visite avait, en changeant le cours de ses idées, fait passer en lui comme un frisson de poésie, et il écrit cette page charmante qu'on trouve rarement sous sa plume :

« Je restai avec ma femme que la personne et la

conversation de Rossini avaient intéressée. On amena dans le salon ma fille Henriette, petit enfant qui commençait à jaser et à marcher. Ma femme se mit au piano et joua quelques passages du maître qui venait de nous quitter, de *Tancrède*, entre autres; nous étions seuls; je passai ainsi je ne sais quel temps, oubliant toute préoccupation extérieure, écoutant le piano, regardant ma fille qui s'essayait à courir, parfaitement tranquille et absorbé dans la présence de ces objets de mon affection. Il y a près de trente ans. Il me semble que c'était hier; je ne suis pas de l'avis du Dante : un grand bonheur est à mes sens une lumière dont le reflet se prolonge sur les espaces mêmes qu'elle n'éclaire plus. »

Le tableau est d'un maître.

Le 2 novembre 1830, il quittait les affaires avec un sentiment joyeux de délivrance; son attitude politique se dessinait; si le procès des ministres de Charles X, par la façon résolue dont il fut conduit, l'avait rassuré, le sac de l'église Saint-Germain-l'Auxerrois l'avait indigné, son âme religieuse avait été soulevée de dégoût. « De toutes les orgies, s'écrie-t-il, celles de l'Impiété révolutionnaire sont les pires, car c'est là qu'éclate la révolte des âmes contre leur vrai souverain. Et je ne sais, en vérité, lesquels sont les plus insensés de ceux qui s'y jetèrent avec fureur, ou de ceux qui sourirent en les regardant. »

Du reste, dans ces premiers jours de la Monarchie nouvelle, le monde ne lui offrait plus le même attrait. Les salons n'étaient plus le foyer de la vie sociale. « On n'y retrouvait plus cette variété et cette aménité de relations, ces conversations intéressantes sans but et animées sans combat, qui ont fait si longtemps le caractère original et l'agrément de la société française. » — Il y avait pourtant une maison où Guizot continuait de goûter ce charme social que le monde parisien ne possédait plus à ses yeux! C'était la société de Mme la duchesse de Broglie qui le lui donnait dans un cercle intime et choisi. Il s'est plu, en toute occasion, à faire ressortir les dons que cette femme rare possédait « avec autant de scrupule que de modestie, à savoir la vertu et la grâce, la dignité et l'abandon, l'élégante richesse de l'esprit et la parfaite simplicité de l'âme ».

Guizot fit en mai 1831 sa première tournée électorale dans le Calvados, où il avait été élu trois fois de suite en son absence. Mme Guizot l'attendait à Broglie. Les lettres que son mari lui écrit contiennent des détails d'une observation gaie, comme sentent les cœurs restés longtemps jeunes. « 4 mai. — On désire vivement te voir, mon Élisa! Ce n'est pas une simple politesse qu'on me fait, partout on sait combien je t'aime et ce que tu es pour moi; on s'intéresse à nous, comme à un bonheur rare, à un agréable spectacle. Qu'en savent-ils pourtant? mais les hommes n'ont pas besoin pour en être charmés, de parcourir et de connaître vraiment le paradis. Il suffit que la porte s'entr'ouvre un moment à leurs yeux, et que ses perspectives se laissent entrevoir de loin. »

« 6 mai. — Je me promène, sauf les aventures, dans un roman de Scott.... Sauf un très petit nombre de personnes, la vie intellectuelle n'est presque pour rien dans ce que je vois; c'est la vie réelle, avec ses affaires, ses intérêts, toute la variété des conditions et des caractères. Mais la comédie domine. »

« 8 mai. — A Beaumont, on a tiré trois coups de canon, à mon arrivée, et trois coups à mon départ, avec des pièces qui servaient jadis à la défense des moines de l'Abbaye, dans leurs querelles avec les habitants du Bourg. Pauvres moines! que diraient-ils, s'ils voyaient leurs pièces braquées sur la place du Marché, à côté de leur abbaye en ruines, et servant à fêter l'arrivée d'un bourgeois venu de loin, comme l'un des maîtres du pays! »

« 10 mai. — Lizieux est en feu. L'opposition se remuait depuis huit jours pour empêcher que j'eusse une entrée. Elle a réussi à m'enlever la musique. Le chef de musique est commis-greffier du tribunal. Le Président et le Procureur du Roi l'ont menacé de la perte de sa place. Il a délibéré; mais sa femme et ses enfants l'ont emporté sur moi. Je n'ai eu que les tambours. »

Toute cette correspondance est d'une originalité piquante. Réélu député, Guizot rentra à Paris, pour soutenir Casimir Perier. Depuis le 12 mars 1831, ce grand ministre avait pris les rênes abandonnées.

Il gouvernait avec vigueur, sans lois d'exception, avec l'appui de Guizot et de ses amis.

« La charrette est retournée du bon côté, écrivait-il à M. de Barante. Depuis quelques jours même, elle commence à marcher et l'effet en est déjà visible. Je suis toujours et plus que jamais convaincu qu'une administration sensée, agissante, résolue, marchant droit sur ses adversaires, ralliera une majorité capable, très capable de lutter avec courage, contre l'anarchie. Casimir Perier est le noyau d'une administration pareille. Il a le jugement politique et le courage politique. Amis ou ennemis, tous le prennent au sérieux. C'est beaucoup, c'est plus de la moitié : en tout, voilà la révolution de Juillet coupée en deux, un parti de gouvernement et un parti d'opposition. »

C'était en effet le caractère des événements qui s'accomplissaient.

La naissance d'une seconde fille venait d'accroître le bonheur domestique de Guizot, lorsque le choléra éclata à Paris. Pendant vingt-quatre heures, Guizot fut violemment atteint. Les soins les plus habiles et la fermeté d'âme du malade le tirèrent bientôt de tout danger. Casimir Perier, frappé à son tour, rendait le dernier soupir. Guizot avait employé sa première sortie à aller lui rendre visite. Perier était à l'agonie; on craignit l'émotion d'un adieu, et Guizot fut privé de cette consolation. Mais il a parlé de lui dans ses *Mémoires* comme son ami eût voulu qu'on en parlât.

Les émeutes de Juin avaient succédé aux émotions

du choléra. « La mort du grand homme de gouvernement qui avait dirigé le vaisseau d'une main si ferme, le laissait violemment battu par les flots. » La société française se reprenait, et le moment était proche où Guizot allait rentrer aux affaires.

Sur le conseil de M. de Talleyrand, le roi avait fait appeler le duc de Broglie, qui avait répondu qu'il n'entrerait dans aucun cabinet sans le concours de Guizot. Le ministère du 11 octobre fut enfin formé, sous la présidence du maréchal Soult, « Gascon sérieux, habile à se servir pour les affaires publiques, comme pour les siennes propres, de son nom et de sa gloire ». M. de Broglie avait le portefeuille des Affaires étrangères, M. Thiers celui de l'Intérieur et M. Guizot celui de l'Instruction publique. « Puisque vous deviez rentrer dans la fournaise, lui disait Royer-Collard le 14 octobre, j'aime mieux que ce soit par le Ministère de l'instruction publique. Vous irez à la brèche, mais vous aurez le mérite d'y aller; vous n'y êtes pas exposé en signe de provocation. »

X

Pendant quatre ans, avec des intervalles de crise, Guizot a été chargé du Ministère de l'instruction publique, et il a touché à toutes les questions qui s'y rattachent. On peut dire que, depuis la Révolution française, il n'y a pas eu un « grand maître de l'Université » plus complet, ayant plus d'initiative, plus d'autorité, plus de compétence que lui. Si, parmi les entreprises qu'il a tentées, quelques-unes des plus importantes ont échoué, la plupart ont été le germe des progrès depuis lors accomplis dans toutes les branches de l'enseignement; mais son titre plus spécial à la renommée est la loi sur l'Instruction primaire.

Pendant qu'il se préparait à la tâche qu'il s'était imposée, une douleur inattendue venait encore le frapper.

Mme Élisa Guizot, le 11 janvier 1833, lui avait donné un fils, l'objet impatiemment attendu de son jeune orgueil maternel. Elle semblait se rétablir. Onze jours après ses couches, elle se leva pleine de confiance et l'inspirant autour d'elle. M. Royer-Collard vint lui rendre visite. Elle voulut le recevoir et causa gaiement avec lui. En sortant, il se retourna vers Guizot : « Elle est très bien, lui dit-il, veillez-y pourtant. L'âme est plus forte que le corps. C'est une de ces natures héroïques qui ne se doutent pas du mal, tant qu'elles ne sont pas vaincues. » Trois jours après, la fièvre la reprit; elle se remit au lit. Elle contenait péniblement le délire, en présence de son mari. « Va-t'en, va-t'en, lui disait-elle, je ne veux pas que tu m'entendes déraisonner. » Six semaines après, le 11 mars, elle rendait le dernier soupir.

« Jusqu'au dernier moment, elle reconnut son mari. Sa main ou ses regards le cherchaient encore, lorsque sa tête s'affaissa pour toujours sur l'oreiller. »

« Non, vous ne lui écrirez plus, disait Guizot à sa belle-sœur Mme Decourt, vous ne la verrez plus à table, dans sa chambre, nulle part; elle n'est plus à sa place. Pouvez-vous le croire? En êtes-vous bien sûre? Pour moi, vingt fois, cent fois le jour, je l'attends comme si elle allait venir. Je la cherche comme si je devais la trouver.... Je la perds chaque jour un peu plus.... Déjà, j'ai usé le papier qu'elle avait touché, les plumes qui lui avaient servi. Tout disparaît, tout se renouvelle avec une rapidité qui me déchire l'âme. Oh! si je pouvais rendre toutes choses immobiles, immuables, arrêter, fixer ma vie tout entière au moment où elle m'a quitté, je souffrirais mille fois moins! Je voudrais ne parler que d'elle, ne paraître occupé que de sa mémoire. Il me semble que je lui manque, en étant autrement, que je lui dérobe quelque chose de ce qui lui revient. Et pourtant, il le faut, je le dois. Que la volonté de Dieu soit faite et la sienne! »

Le travail opiniâtre et les luttes à la tribune pouvaient seuls distraire son âme meurtrie. Quand il en avait fini avec les affaires, il restait seul avec ses enfants, avec sa mère et souvent avec Mme la duchesse de Broglie, « dont la sympathique amitié lui fut dans cette épreuve très douce et secourable ».

Ce fut pour lui, à cette douloureuse époque, une circonstance propice que le projet de loi sur l'Instruction primaire se trouvât à l'ordre du jour. En entrant au Ministère de l'instruction publique, il avait eu cette œuvre-là particulièrement à cœur. Malgré sa résistance aux théories démocratiques en politique, il avait une sympathie sérieuse pour les besoins, les désirs des masses populaires. Mais, surtout préoccupé des détresses morales, il tenait pour certain que pour améliorer la condition des hommes c'est d'abord leur âme qu'il faut épurer et fortifier. Notre temps, qui a fait tant de sacrifices pour cette grande cause, n'a pas placé plus haut son idéal; mais une différence importante caractérisa les efforts tentés en 1833 pour atteindre ce but. Guizot pensait que l'éducation populaire devait être donnée et reçue « au sein d'une atmosphère religieuse ». « Si le prêtre se méfie ou s'isole de l'instituteur, si l'instituteur se regarde comme le rival indépendant, non comme l'auxiliaire fidèle du prêtre, la valeur morale de l'école est perdue. »

Guizot constate qu'il rencontra dans la Chambre des députés et même dans le pays un sentiment de méfiance et presque d'hostilité contre l'Église et aussi contre l'État : « Ce qu'on redoutait surtout dans les écoles, c'était l'influence des prêtres et du pouvoir central. Ce qu'on avait à cœur de protéger d'avance, par la loi, c'était l'action des autorités municipales et l'indépendance des instituteurs envers le clergé. »

Malgré ces objections, la loi sur l'instruction primaire fut bien accueillie; elle fut discutée et votée avec faveur, et sans altération essentielle. Son exécution exigeait des mesures administratives et une indication morale. Guizot adressa aux préfets et aux recteurs des instructions détaillées qui sont des modèles. Il créa un recueil périodique, sous le titre de *Manuel général de l'Instruction primaire*.

Trois semaines après que la loi eut été promulguée, il l'envoya directement aux 30 300 maîtres d'école, en l'accompagnant d'une lettre, où il s'appliquait non seulement à leur en faire bien comprendre l'intention et les dispositions, mais encore à élever leurs sentiments au niveau de leur mission sociale.

Lorsque le projet de cette lettre lui avait traversé l'esprit, il en avait parlé à Charles de Rémusat, qui était encore un de ses meilleurs amis; il le pria de préparer une rédaction. La lettre fut donc rédigée par Charles de Rémusat. Elle était parfaite et le ministre n'y fit presque pas de changements. « Je prends plaisir, dit Guizot dans ses *Mémoires*, à le rappeler aujourd'hui. » Et il ajoute cette réflexion mélancolique : « Les amitiés rares, même quand elles ont paru en souffrir, survivent aux incertitudes de l'esprit et aux troubles de la vie ».

Pour compléter l'ensemble de ses réformes dans l'éducation populaire, Guizot y ajouta la création des inspecteurs primaires.

Quant à l'enseignement secondaire, il entendait en réformer les méthodes et la destination. Dans une lettre du 20 août 1832, au duc de Broglie, il émettait des idées qui sont bien en avant du temps où elles ont été formulées :

« Il y a là quelque chose qui ne répond plus à l'état actuel, à la pente naturelle de la société et des esprits. Je ne sais pas bien quoi, je le cherche. Pour rien au monde, je ne voudrais abolir, ni seulement affaiblir cette étude des langues, la seule vraiment fortifiante et savante à cet âge. Je tiens essentiellement à ces quelques années passées en familiarité avec l'antiquité ; car si on ne la connaît pas, on n'est qu'un parvenu en fait d'intelligence. La Grèce et Rome sont la bonne compagnie de l'esprit humain, et au milieu de la chute de toutes les aristocraties, il faut tâcher que celle-là demeure debout. Je regarde aussi en gros la vie du collège, cette vie pleine d'affaires et de liberté, comme intellectuellement excellente. De là seulement sortent des esprits forts, naturels et fins à la fois, des esprits très exercés, très développés, sans aucun tour factice, sans aucune empreinte particulière. Je suis de plus en plus frappé de l'avantage de l'éducation classique ; et cependant, je conviens, je vois, dans la personne de mon fils, qu'il y a là quelque chose et quelque chose d'important à changer. L'enseignement est trop maigre et trop lent. Il y a trop loin de l'atmosphère intellectuelle du monde réel à celle du collège. Les méthodes sont adaptées à des classes très nombreuses, ce qui fait que les élèves forts sont sacrifiés aux élèves médiocres, et les classes sont très nombreuses, parce qu'une foule d'enfants ne trouvent nulle part à apprendre ce dont ils ont besoin et envie. Pour dire vrai, le collège et presque tout notre système d'instruction publique sont encore faits à l'image de l'ancienne société. Les rêveries du XVIIIe siècle, les sottises de la Révolution en ce genre nous ont dégoûtés, et justement, des essais nouveaux qui ont si mal réussi, et, en rentrant dans l'ancienne voie, nous sommes retombés dans l'ancienne ornière. Il faudra en sortir, mais avec grand' peine et grande précaution. Car, malgré tout, nos collèges et leurs méthodes valent infiniment mieux que les méthodes et les écoles que nous auraient données M. de Tracy et M. de Laplace, s'ils avaient pu donner quelque chose qui durât seulement autant qu'eux. »

Guizot ne put cependant porter dans l'enseignement secondaire le même esprit de réforme que dans l'enseignement primaire. Une question préliminaire dominait toutes les autres en cette matière, celle de la liberté de l'enseignement. Il en était partisan; mais le souvenir des luttes de la Restauration, la crainte de l'influence des jésuites pesaient sur l'opinion de la bourgeoisie française; elle n'acceptait pas encore le principe de la liberté de l'enseignement et le projet de loi préparé par Guizot, voté à contre-cœur par la Chambre des députés, n'alla pas au Luxembourg et tomba avec le ministère.

Les vues de Guizot sur les réformes de l'enseignement supérieur n'étaient pas moins originales, ni moins élevées. Il avait remarqué que nos départements ne voyaient plus habituellement, ainsi que nos provinces autrefois, des hommes considérables par les lumières et les goûts intellectuels, comme par leur situation sociale, rester fixés dans leur ville natale ou leur campagne, et y vivre satisfaits, répandant autour d'eux les trésors de leur intelligence, comme ceux de leur fortune. Il n'avait garde de croire que les quelques facultés des lettres, des sciences ou de droit, placées çà et là, loin de Paris, pussent avoir la vertu de guérir ce mal, produit et fomenté par tant de causes. Ce fut l'honneur de Guizot de penser que, parmi les remèdes à employer, l'un des plus praticables et des plus efficaces était la création de quelques grandes universités, vrais foyers d'études et de savoir; mais pour répondre à leur destination, de tels établissements devaient être complets et éclatants par le nombre des chaires, la multiplicité et la variété des enseignements, des laboratoires et des moyens de travail. Quatre villes, Strasbourg, Rennes, Toulouse et Montpellier, en dehors de Paris, avaient paru à Guizot celles qui, à tout prendre, offraient à cette conception nouvelle de l'enseignement supérieur les meilleures chances et satisfaisaient le mieux aux besoins généraux de la France.

Un demi-siècle s'écoula avant qu'une pareille idée, si bien faite, ce nous semble, pour réunir tous les esprits élevés, eût pu être formulée dans un projet de loi et être présentée au parlement. On sait comment cette importante réforme a échoué au Sénat.

Si, pendant son ministère, Guizot fut impuissant à réaliser ce noble rêve, il fut plus heureux dans une série de créations destinées à développer les études historiques; et, d'abord, il fit de l'enseignement de l'histoire dans les collèges l'objet d'un enseignement spécial. Il fonda la Société de l'Histoire de France et décida la publication par le Ministère de l'instruction publique de la grande collection des *Monuments inédits*.

Enfin, comprenant qu'il y avait intérêt pour le gouvernement de Juillet à se montrer le bienveillant protecteur des travaux de l'esprit humain, il rétablit, dans l'Institut, la classe des *sciences morales et politiques*. fondée en 1795 par la Convention et supprimée en 1803 par Napoléon, alors premier consul.

Tandis que Guizot donnait à son passage au Ministère de l'instruction publique un éclat et une prépondérance justifiés, la politique intérieure n'était pas sans embarras. Le duc de Broglie était sorti du cabinet, au mois de mars 1834, à la suite d'un échec devant la Chambre des députés. Le 18 mai, Guizot écrivait à M. de Barante : « La retraite très fondée de Victor m'a mis dans une situation, je ne dirai pas difficile, mais douloureuse, si l'on peut appeler cela de la douleur. Pour rester, lui partant, il me fallait trois choses : que son successeur lui agréât pleinement; que ma position personnelle demeurât exactement la même; que, dans le remaniement du cabinet, notre politique fît un pas en avant au lieu de reculer. Les trois conditions ont été remplies, je n'ai pas hésité. »

Le 29 octobre 1834, après quelques tentatives pour trouver un nouveau président du conseil, Thiers, alors Ministre de l'intérieur, vint voir Guizot et ils tombèrent d'accord que la meilleure conduite était de se retirer et de laisser le champ libre au tiers parti. MM. Duchâtel, l'amiral Rigny et Humann furent de cet avis, et ils allèrent porter leurs cinq démissions au roi. Après trois jours de durée, le cabinet du général Bernard, assisté du duc de Bassano, « qui s'était assis avec confiance au gouvernail de cette barque légèrement montée », disparaissait sans bruit. Louis-Philippe rappela l'ancien ministère, en lui demandant, non sans sourire, de reprendre les affaires. Il y consentit en choisissant le maréchal Mortier pour Ministre de la guerre et président du conseil. Le maréchal ne put longtemps supporter ce fardeau, et, le 20 février 1835, le cabinet se vit de nouveau condamné à la recherche d'un président. Il fallait en finir; Guizot prit la résolution de ne plus considérer comme une fiction la présidence du conseil, et de faire tous ses efforts pour y porter le duc de Broglie, le seul, parmi les défenseurs de la politique de résistance libérale, dont l'élévation ne devait blesser aucun amour-propre. Les Chambres et le public s'émouvaient de tant de lenteur et de tant d'incertitudes. Le 12 mars, le cabinet fut reconstitué, ayant pour président le duc de Broglie, Ministre des affaires étrangères.

La question de l'opportunité de la conversion des

rentes fit l'objet d'un débat solennel. La demande d'ajournement appuyée par le ministère fut rejetée à deux voix de majorité. Le cabinet, résolu à ne pas accepter un tel échec, se démit.

Après quinze jours de fluctuations, Thiers se décida à accepter le pouvoir. Le *Moniteur* du 22 février 1836 annonçait la formation du nouveau ministère. Thiers le présidait, comme Ministre des affaires étrangères : cette fois le faisceau des forces gouvernementales était rompu, l'union qui s'était faite en 1832 était à jamais brisée.

XI

Guizot rentra dans la vie de famille. Il aimait le pouvoir et pourtant il n'en sortait jamais sans éprouver un sentiment de bien-être, « comme un homme qui respire à l'aise en se déchargeant d'un pesant fardeau ». Une profonde tristesse le saisit, lorsqu'il rentra dans la petite maison de la rue Plumet, en ne ramenant pas celle qui naguère la remplissait de félicités; « mais c'était notre maison, et j'y retrouvais le repos et la liberté, grand charme après des années de travail et de combat ». A dire vrai, il n'avait jamais, même aux affaires, été infidèle à ses souvenirs.

Il écrivait à Mme la duchesse de Broglie, 17 novembre : « Mon cœur est avec les morts; j'ai besoin de rechercher les dates, les lieux, d'ôter la mousse, de relever la pierre, de saluer en passant; et non seulement pour ceux que j'ai aimés, comme Auguste (de Staël), mais pour tous ceux que j'ai un peu connus. Ils sont aussi sur l'autre rive, ils y sont avec ceux qui ont emporté là mon âme. Je m'épuise à la rappeler sans cesse, pour l'employer aux travaux de la terre. Dieu, je vous l'assure, a grande raison de laisser toujours quelques nuages entre les deux rives; si la perspective nous était parfaitement claire, si nous voyions là, devant nous, sous leur forme vive, et dans toute leur beauté, ceux dont le seul souvenir pâlit et efface tout, il n'y aurait pas moyen de vivre et d'attendre; nous nous précipiterions. Priez pour moi! Demandez pour moi de la force! Personne ne peut savoir combien de fois par jour j'en manque, et crains d'en manquer bien davantage. »

Grâce à sa mère, le foyer de Guizot ne devint pas désert. Elle recevait les visiteurs avec une gravité simple, qui inspirait l'intérêt, en commandant le respect. Un heureux incident littéraire fit en ce moment diversion aux tristesses de Guizot. Il fut élu, le 26 avril 1836, à l'Académie française, en remplacement de Destutt de Tracy; aucun concurrent ne se présenta pour lui disputer cet honneur. Il eut plaisir à composer son discours de réception.

« Il y a au moins dix ans, écrivait-il à M. Piscatory (6 août 1836), que j'ai dit à plusieurs personnes : Si je suis de l'Académie française, je veux succéder à M. de Tracy. Je mènerai le deuil du XVIIIe siècle, en très bon fils, qui accepte l'héritage, mais qui entend le gouverner autrement ; je ne veux faire un discours, ni politique, ni philosophique, ni tournant autour d'une idée. Je me laisserai aller au cours du sujet, prenant chaque époque, chaque grand événement de 1754 à 1836, et en disant mon avis, à l'occasion de la place qu'y a tenue mon prédécesseur ou de l'opinion qu'il s'en est lui-même formée. Chemin faisant, je rencontrerai l'époque où M. de Tracy en 1794, en prison à quarante ans, s'est avisé de devenir philosophe, et je dirai aussi mon avis de sa philosophie, c'est-à-dire de la métaphysique du XVIIIe siècle, de la politique du XVIIIe siècle, de l'économie politique du XVIIIe siècle ; car M. de Tracy a commenté et prétendu continuer Condillac, Montesquieu, Adam Smith. Voilà mon plan ou plutôt mon projet, car il n'y a point là de plan. Je veux que mon discours soit sans prétention ; je serais bien fâché qu'il fût sans effet. »

Il se trouve que cette lettre est le meilleur résumé qu'on puisse faire du discours de réception de Guizot. Il produisit une grande impression.

Comme ses loisirs politiques le lui permettaient, Guizot satisfit un désir formé depuis longtemps. Il acquit en Normandie, au milieu de ses électeurs, une habitation qui pût devenir son lieu de vacances et de retraite. Il réalisa sa modeste fortune et acheta l'ancienne abbaye et la ferme du Val-Richer. Il en confia les arrangements à son fils François. Guizot aimait trop l'action pour s'intéresser beaucoup à la campagne. Ce n'est que dans sa vieillesse qu'il devait en goûter le charme.

La crise politique allait d'ailleurs s'aggravant. Thiers avait résolu de proposer l'intervention de la France en Espagne pour y mettre fin à la guerre civile. Le roi Louis-Philippe était très opposé à cette mesure. Le 6 septembre 1836, le cabinet se retira, et un nouveau ministère se constitua sous la présidence du comte Molé.

Guizot et lui s'étaient souvent rencontrés chez l'une des personnes les plus propres à rapprocher des hommes qu'elle avait quelque dessein d'unir, « chez une femme d'un esprit original et pleine d'art avec abandon », Mme la comtesse de Castellane. Le comte Molé désirait avoir Guizot comme collaborateur; il lui offrit le portefeuille de l'intérieur. Guizot ne voulait que rentrer au Ministère de l'instruction publique et il accepta à cette condition l'alliance avec M. Molé; mais il reconnaît dans ses *Mémoires* qu'il se trompait et qu'on ne gouverne pas efficacement avec des combinaisons factices. Le projet de loi relatif à la disjonction des poursuites, en cas de crimes commis à la fois par des militaires et par des personnes de l'ordre civil, présenté par le cabinet, à l'occasion de l'attentat de Strasbourg, avait été rejeté par la Chambre des députés à une majorité de deux voix. La faiblesse et la dissonance du ministère éclatèrent. « Je restais, dit Guizot, le représentant de la politique de résistance, et Molé se préparait à devenir le chef de la politique de concession. » Leur rupture et la dissolution du cabinet furent, en peu de jours, des faits accomplis, et le *Moniteur* du 15 avril 1837 annonçait que le ministère Molé s'était reconstitué. Pendant trois années, Guizot ne devait plus rentrer aux affaires.

Une douleur nouvelle venant s'ajouter aux anciennes, toujours saignantes, avait contribué à sa retraite. Le 15 février, il avait perdu son fils aîné François, l'enfant de Pauline de Meulan. Une pleurésie l'avait enlevé à vingt-deux ans. Compagnon le plus aimable et le plus sûr de son père, il prenait déjà part à ses luttes et ressentait les injustices des partis. Les attaques injurieuses l'étonnaient et l'indignaient : « Garde tes saintes colères, mon cher enfant, pour de plus sérieuses causes, pour de plus dignes adversaires, lui répondait ce père bien-aimé, je les trouve très naturelles et je t'en aime mieux, mais je serais désolé de te voir user ton âme à sentir et à repousser de telles sottises ; quiconque fait un peu de bien en ce monde encourt beaucoup de haines et suscite beaucoup de mensonges. »

Doué d'un jugement droit, François tenait son père au courant de l'état des choses, pendant son absence. Il était resté au Val-Richer pour surveiller les réparations. Lorsqu'il revint à Paris, au mois de novembre, il rapportait un rhume ; bientôt après, une pleurésie se déclara. Dans la nuit du 15 février 1837, ce fils aîné, l'appui et l'espérance de tous ceux qui l'entouraient, s'éteignait sans agonie. Son père lui ferma les yeux et le conduisit à pied au cimetière. En rentrant dans sa maison désolée, il se jeta sur le lit de sa fille aînée, l'embrassa tendrement et lui dit tout bas : « Je n'ai plus que toi ! » — Elle n'avait pas huit ans. Il ne s'était jamais senti plus près de plier sous le fardeau. Avec les trois enfants en bas âge qui lui restaient, il ne pouvait pas mourir. Quoique son cœur fût las, il eut pourtant à souffrir encore.

N'oubliant pas ceux qu'il avait aimés, il n'a eu garde de passer sous silence le nom de la femme rare dont pendant près de vingt ans l'amitié lui avait été fidèle, à travers la bonne comme la mauvaise fortune. Mme la duchesse de Broglie mourait le 22 septembre 1838. Guizot a dit qu'elle fut une des plus nobles créatures qu'il ait vues apparaître en ce monde, et il lui appliquait le mot de Saint-Simon parlant du duc de Bourgogne : « Plaise à la miséricorde de Dieu que je la voie éternellement où sa bonté sans doute l'a mise ! »

La vie de Guizot est semée de ces deuils qui embrunissent l'existence entière, et il lui fallait toute sa force d'âme pour reprendre son rôle de défenseur des classes moyennes. Il ne manquait aucune occasion de justifier à la tribune leur rôle et leur prépondérance, et les deux discours qu'il prononçait en 1837 pour leur glorification eurent un tel succès que 206 députés se cotisèrent, et les firent tirer à 30 000 exemplaires.

Nous touchons à l'une des fautes politiques du chef du parti conservateur.

La coalition contre le ministère Molé s'opérait dans les esprits, dans les entretiens, aussi bien que dans les votes. Guizot y entra ouvertement et activement. Il croyait que le drapeau de l'autorité était non pas abandonné, mais replié et voilé. Le souvenir de sa rupture avec le comte Molé en 1837 et le secret désir de prendre sa revanche ne furent-ils pas aussi sans influence sur l'adhésion de Guizot à la coalition de 1839? Il ne le nie pas. Il a reconnu du reste que la lutte fut plus forte que l'opposition ne s'y était attendu; sa confession est sans réticence : « Si la coalition avait fortement ébranlé le cabinet, elle avait en même temps fortement compromis l'opposition. Nous avions manqué de mesure et de prévoyance.... » Lorsque, sur la demande du comte Molé, le roi en appela de nouveau au pays, en prononçant la dissolution, Guizot s'efforça vainement dans des lettres rendues publiques de bien établir les motifs d'intérêt général qui l'avaient déterminé à entrer dans la coalition; le coup était porté.

Après les élections, le cabinet se retira. Une laborieuse confusion suivit sa démission; une émeute fit cesser la crise, et le ministère du 12 mai 1839 se forma sous la présidence du maréchal Soult.

Si, dans ces intervalles de repos, nous suivons Guizot, nous le trouvons toujours laborieux, surveillant l'éducation de ses enfants, faisant même la guerre, dans ses lettres intimes, à la ponctuation défectueuse de sa fille Henriette.

Cette tâche n'eût pas suffi à remplir les loisirs que lui laissait la politique, si Jared Sparks n'avait fait paraître une édition des écrits et de la correspondance de Washington. Les éditeurs américains vinrent prier Guizot de choisir dans ce vaste recueil les lettres, les pièces qui lui paraîtraient propres à intéresser le public français et d'en surveiller la traduction et la publication. Il se chargea de ce soin. L'étude qu'il consacra à la vie et au caractère de Washington, obtint, en Amérique comme en France, un vif succès. Il en adressa un exemplaire au roi Louis-Philippe, qui, pendant son séjour aux États-Unis, avait personnellement connu le fondateur de la république américaine, et il reçut de lui (26 décembre 1839) une lettre dans laquelle il disait : « Vous ne savez que trop combien je suis privé de paisibles loisirs. Cependant je tâcherai de lire au moins l'introduction dont j'entends parler, comme d'un chef-d'œuvre. Mes trois ans de séjour en Amérique ont eu une grande influence sur mes opinions politiques et sur mon jugement de la marche des choses humaines. Washington n'était ni puritain, ni aristocrate, ni encore moins démocrate; il était essentiellement homme d'ordre et gouvernemental, cherchant toujours à combiner et à exploiter de son mieux les éléments souvent discordants et toujours assez faibles avec lesquels il devait combattre l'anarchie et en préserver son pays. »

Guizot, en s'adonnant à ce travail, s'était efforcé, en effet, de trouver des analogies entre la politique de Washington et celle que ses amis et lui soutenaient depuis 1830. C'était la tendance de son esprit spéculatif et absolu de chercher des exemples dans l'Histoire, et un moyen d'influence pour ses idées.

XII

Cependant nos affaires extérieures prenaient une grave tournure. La question d'Orient renaissait sous la forme d'une querelle entre le sultan Mahmoud et son vassal, le pacha d'Égypte, Méhémet-Ali. Le maréchal Sébastiani était notre ambassadeur à Londres. Les hommes importants du cabinet se demandèrent s'il n'y avait pas un moyen d'exercer plus d'influence sur la marche du gouvernement anglais. Sébastiani ne semblait pas l'interprète efficace de la politique que les récents débats de nos Chambres avaient fait prévaloir. Guizot avait soutenu cette politique; il avait rappelé cette parole de lord Chatham : « Je ne discute pas avec quiconque me dit que le maintien de l'empire ottoman n'est pas pour l'Angleterre une question de vie ou de mort ».

Les ministres, amis particuliers de Guizot, lui demandèrent s'il accepterait l'ambassade de Londres.

Il pressentait que la session de la Chambre des députés serait aussi embarrassante pour lui que pour le cabinet. Quelques mois auparavant, on lui avait proposé l'ambassade de Constantinople. Il l'avait refusée; mais Londres le laissait près des affaires de France. Il accepta donc l'offre qui lui était faite, et il partait le 25 février pour Londres.

Il avait beaucoup étudié l'histoire d'Angleterre, souvent discuté au parlement les questions de politique touchant ce grand pays, mais il ne l'avait jamais visité et il n'avait jamais fait de diplomatie. Il comprit vite et profondément la société anglaise, assistant à toutes les cérémonies, trouvant les Anglais parfaitement sincères, sérieux et gauches; mais comme Guizot n'était pas sensible au ridicule du dehors quand le dedans ne l'est pas, cette gaucherie ne le faisait pas rire.

Le premier personnage pour lequel il ressentit un prompt attrait fut lord Aberdeen, le plus libéral des Tories, « esprit grave et doux, droit et fin, pénétrant et réservé, imperturbablement équitable ». Guizot entretint avec lui, toute sa vie, une correspondance intime. Mais à peine était-il arrivé à son poste, qu'un incident parlementaire faillit mettre fin à sa mission. Le cabinet s'était retiré le 25 février 1840. Le roi avait fait appeler M. Thiers et l'avait chargé de former un ministère. Guizot se demandait s'il resterait à son poste; M. le duc de Broglie lui écrivit de garder ses fonctions et Guizot lui répondait (4 mars 1840) :

« Vous avez raison, mon cher ami, et je le pensais avant d'avoir lu vos raisons. Il serait injuste et déraisonnable à moi de me retirer après tout ce qui nous a été offert, et lorsque deux de mes amis font partie du cabinet, où d'autres seraient entrés s'ils avaient voulu. Le danger que le nouveau cabinet ne dérive à gauche est grand.... Le jour où la déviation serait réelle, je prendrais à l'instant mon parti.... »

Il avait aussi à cœur de s'expliquer avec Charles de Rémusat, qui était membre du cabinet : Guizot prévoyait qu'une voie politique différente compliquerait un jour tristement des relations qui « lui resteraient chères, même quand elles cesseraient d'être intimes ». Il lui écrivit donc dans le même sens qu'au duc de Broglie, et il resta à Londres.

Tout en suivant de près avec lord Palmerston les négociations sur les affaires d'Orient et en montrant ses aptitudes dans sa correspondance diplomatique, il étudiait de près la société anglaise.

Les affaires d'Orient ne furent pas la seule préoccupation du nouvel ambassadeur. Il fut chargé par M. Thiers de demander la restitution des restes de l'empereur Napoléon. « Réussissez dans cette affaire, lui écrivait le Ministre des affaires étrangères, et nous vous en laisserons tout l'honneur. » Tous les détails se rattachant à cette question délicate furent tranchés par Guizot avec habileté et dignité, et l'on ne peut que s'étonner, après la part qu'il a prise au succès, que son nom n'ait pas été prononcé à la Chambre, ni ailleurs, dans les brillantes discussions inspirées par le transfert des cendres du prisonnier de Sainte-Hélène ; il semble, dans ses *Mémoires*, que la susceptibilité de Guizot ait été atteinte par ce silence.

Sa popularité à Londres lui fit oublier ces petites blessures. Depuis Sully et Ruvigny, il était le premier Français protestant que la France eût envoyé en Angleterre. Ses ouvrages lui avaient valu l'estime des lettrés ; politiquement, on le connaissait comme libéral et conservateur. Les Whigs lui savaient gré de son attachement aux principes du gouvernement libre et les Tories de sa résistance aux tendances anarchistes. La haute société anglaise était, en 1840, intéressante. *Holland-House*, « le Home du parti des Whigs », avait laissé à Guizot une forte impression.

Les Whigs avaient alors la bonne fortune de compter dans leurs rangs des hommes éminents qui, par leurs écrits, agissaient puissamment sur l'opinion. Guizot contracta avec plusieurs d'entre eux des rapports de bienveillance ou même d'étroite amitié.

M. Hallam fut un de ceux avec qui il se lia le plus intimement. Dans la préface de la seconde édition de son *Histoire constitutionnelle* de l'Angleterre, Hallam avait parlé de Guizot en termes dont ce dernier avait été touché. Il le reçut donc en 1840 avec un empressement qui devint de l'amitié. C'est à sa table que Guizot rencontra Macaulay, qui lui servit de cicerone dans sa visite à l'abbaye de Westminster. Il éblouit notre ambassadeur ce jour-là par l'éclat, la variété et l'agrément de son savoir. Il fit plus : il lui donna, après la révolution de 1848, une preuve de l'impartialité à laquelle un vigoureux esprit peut s'élever. Guizot exilé voulait que son fils Guillaume reprît à Londres ses études classiques interrompues. Il hésitait entre deux grands établissements, le Collège de Londres, fondé par les Whigs sous le roi Guillaume IV, et le Collège Royal (King's College), fondé vers la même époque sous le patronage de l'Église anglicane. Guizot consulta Macaulay sur le choix. « Vous m'interrogez comme père, lui dit-il, je ne vous répondrai pas comme homme de parti ; j'ai concouru avec mes amis whigs à la fondation de l'Université de Londres et de son collège : envoyez votre fils au King's College. C'est le meilleur. » Guizot le remercia de sa sincérité et suivit son conseil.

Il voyait moins les Tories. Il se lia cependant, chez lady Jersey, avec les plus illustres d'entre eux : lord Lyndhurst, lord Ellenborough, lord Strafford de Redcliff, sir Robert Peel et sir John Croker.

Guizot n'était pas insensible aux petits plaisirs mondains. Il savait se défendre contre leur ennui et ne s'en impatientait pas. Il avait du reste toujours besoin de croire qu'il voulait ce qu'il faisait ; mais ni les travaux de la vie politique, ni les plaisirs de la vie mondaine ne lui avaient jamais suffi. Il lui fallait l'abandon, le calme et la chaleur du foyer domestique. Aussi son séjour à Londres est-il le moment où il a entretenu une plus longue correspondance avec sa mère, avec sa fille aînée Henriette. Le précieux volume que Mme de Witt a publié contient des lettres charmantes, et sur les sujets les plus variés. Le père, attendri, se plaît à raconter à ses enfants les incidents de sa vie d'ambassadeur qui peuvent les amuser, comme le dîner chez le lord-maire, avec la coupe d'amitié, *the Loving Cup*, ses visites chez les grands seigneurs anglais ou bien une séance à la Chambre des communes, ou ses aventures à Windsor, le tout mêlé d'observations, de conseils sur des lectures, et des souvenirs du bonheur goûté ensemble au Val-Richer.

Cependant, la crise amenée par les affaires d'Égypte devenait plus vive à la suite du traité du 15 juillet 1840, d'où la France avait été exclue. Guizot était venu précipitamment d'Angleterre à Eu, pour entretenir le roi et M. Thiers, et il était retourné à son poste après avoir embrassé sa mère et ses enfants. Quoique défendant avec habileté la politique de la France, Guizot pensait que nos intérêts avaient paru plus engagés qu'ils ne l'étaient réellement dans la fortune de Méhémet-Ali, et que pour ce client, si peu en état de se soutenir lui-même, nous avions compromis notre situation en Europe et provoqué notre isolement. Il n'accusait personne des erreurs qui avaient amené cette situation; il reconnaissait qu'elles étaient nationales, répandues et soutenues dans les Chambres et dans le pays; mais l'heure des mécomptes avait sonné, et c'était le cabinet de

M. Thiers qui en portait le poids. Le parti conservateur ne l'attaquait plus, mais ne lui accordait pas confiance et dévouement. Quoiqu'il ne voulût pas la guerre, le ministère s'y était préparé avec ardeur, la croyant possible, et voulant du moins en inspirer la crainte à l'Europe. Quand les chances d'un conflit devinrent pressantes, le roi Louis-Philippe s'arrêta sur la pente. De Paris, les amis de Guizot lui écrivaient d'agir, de manifester hautement son opinion et ses intentions.

Dès qu'il apprit la convocation des Chambres pour le 28 octobre, il demanda à M. Thiers un congé, qui lui fut accordé. Les événements lui épargnèrent un embarras dont l'amitié du duc de Broglie se préoccupait. Le 15 octobre, l'attentat de Darmès avait eu lieu. Ce crime porta un dernier coup au cabinet. Il proposa au roi un projet de discours pour l'ouverture de la session. Le ton n'en plut pas à Louis-Philippe. Les ministres donnèrent alors leur démission, qui fut acceptée. Guizot quittait Londres le 25 octobre. A peine arrivé, le maréchal Soult vint le trouver au nom du roi, et le 29 octobre, une ordonnance constituait le ministère nouveau. Guizot avait le portefeuille des Affaires étrangères.

XIII

Il devint le chef incontesté du parti conservateur, et il exerça le pouvoir en son nom, pendant plus de sept années.

Nous distinguerons sa politique étrangère et sa politique intérieure. Quand on lit aujourd'hui de sang-froid les discussions dans les Chambres, les notes diplomatiques publiées, on est obligé de reconnaître que les batailles sur certaines questions qui passionnèrent nos pères, sont des jeux d'esprit, en présence des noirs nuages qui s'amoncellent aujourd'hui à l'horizon. Si l'esprit de parti n'a pas disparu, les événements qui se sont accomplis depuis 1848, ont éclairé les hommes capables de s'instruire.

Bien que dans une étude littéraire nous ayons à nous mettre en garde contre la tentation d'écrire des pages exclusivement politiques, il est impossible de ne pas rappeler les principaux incidents extérieurs qui signalèrent le dernier ministère de Guizot. C'est aussi raconter sa vie.

Dans les complications qui agitaient l'Europe, il vit une occasion éclatante de pratiquer et de proclamer hautement une politique en harmonie avec les besoins permanents de la civilisation progressive à laquelle aspire le monde. L'esprit de conquête, l'esprit de propagande, l'esprit de système, tels avaient été jusqu'ici les mobiles de la politique extérieure des États. La foi religieuse ou politique avait voulu se répandre en s'imposant; et, soit que l'un ou l'autre de ces esprits ait dominé, les gouvernements avaient disposé arbitrairement du sort des nations; la guerre avait été leur indispensable moyen. Guizot tenait pour certain que ces divers mobiles ne correspondaient plus à l'état des mœurs, des idées et des intérêts sociaux. Il invoquait l'étendue et l'activité de l'industrie et du commerce, le besoin de bien-être général, l'habitude des relations fréquentes et faciles entre les peuples, le goût invincible de l'association libre, de la discussion, de la publicité, en un mot, les faits caractéristiques de la société moderne. Le philosophe se demandait ce qu'il restait de toutes les œuvres violentes et arbitraires? Il ne se dissimulait cependant pas que notre histoire depuis 1789 « nous avait laissé un ébranlement fébrile qui nous rendait la paix fade et nous faisait trouver dans les coups imprévus d'une politique hasardeuse un plaisir aveugle ».

C'est contre ce courant qu'il avait à lutter. Dès les premiers mois du gouvernement de Juillet, il n'avait pas hésité, et il avait choisi l'esprit supérieur de la civilisation moderne, comme règle de son opinion dans les affaires étrangères. Il était, à ce point de vue, en parfait accord avec le roi. L'idée de la paix, dans sa moralité et sa grandeur, avait pénétré très avant dans l'esprit et le cœur de Louis-Philippe; les iniquités et les souffrances que la guerre inflige aux hommes, souvent pour des motifs légers ou des combinaisons vaines, révoltaient son humanité et son bon sens.

En 1840, lorsque le cabinet du 29 octobre remplaça celui du 1er mars, l'accusation, qu'on lança aussitôt à la tête de Guizot, fut la paix à tout prix. Il démontra que l'intérêt et l'honneur de la France ne lui commandaient pas la guerre, et que le traité du 15 juillet ne contenait pas un *casus belli*. La solution que cherchait Guizot était de faire cesser notre isolement, de rétablir le concert européen et d'y rentrer. La convention du 13 juillet 1841 eut cet effet. L'Europe avait senti le poids du vide que faisait dans ses conseils la France absente, et s'était montrée empressée de l'y rappeler.

Une autre question vint presque aussitôt s'imposer à l'attention du Ministre des affaires étrangères; ce fut celle du droit de visite.

Tout était difficile avec lord Palmerston : mais après sa chute et quand le cabinet tory se forma, la situation fut changée. Les liens d'amitié qui s'étaient formés entre lord Aberdeen et Guizot, facilitaient les rapports politiques des deux pays. L'esprit chrétien de Guizot le prédisposait à être favorable à la répression de la traite. Il avait conscience que le sentiment libéral et humain surmonterait les difficultés qui pouvaient s'élever. Il autorisa donc la signature d'un nouveau traité.

La lutte à la Chambre des députés fut sérieuse, parce que la question du droit de visite venait se heurter à nos susceptibilités nationales. Guizot était entré dans le débat à plusieurs reprises et avec un grand talent. Mais notre échec dans la question d'Égypte avait réveillé en France les vieux sentiments de méfiance et d'hostilité contre l'Angleterre. Guizot prit la résolution d'ajourner la rectification du traité du 4 décembre 1841 et d'y demander des modifications.

Il sauva l'honneur et gagna du temps. Il comprenait qu'on était dans une situation fausse. Les gouvernements perdaient de vue la répression réelle de la traite; le but était sacrifié au moyen. Grâce à l'envoi en Angleterre du duc de Broglie, comme commissaire spécial; grâce à la bonne volonté de lord Aberdeen et du commissaire anglais, le docteur Lushington, un accord s'établit qui ménagea toutes les situations. Le traité définitif fut signé le 29 mai 1845, et le droit de visite aboli. Les Chambres y donnèrent leur adhésion.

Les affaires et les embarras ne manquaient pas au Ministre des affaires étrangères! La plupart sont destinées à l'oubli, même après avoir fait quelque bruit de leur temps. Nous ne parlerons donc pas des difficultés diplomatiques que soulevait l'antipathie hautement déclarée de l'empereur Nicolas contre le principe même de la monarchie de Juillet. Un sens plus élevé de l'équilibre européen a heureusement transformé la politique de la Russie et de la France.

et créé entre les deux nations une alliance naturelle.

Un autre incident extérieur fut grandi démesurément et prit aux yeux du public une importance hors de toute proportion avec la vérité des choses. C'est ce qu'on appelle l'affaire Pritchard. Les susceptibilités nationales furent encore très excitées par cet événement, qui nous semble aujourd'hui de médiocre importance.

Nous dépasserions notre cadre si nous suivions Guizot dans toutes les discussions qui l'amenaient à la tribune, mais nous ne pouvons oublier de mentionner l'appui cordial qu'il donna à M. Collettis dans sa réorganisation du gouvernement constitutionnel en Grèce. La nation grecque, sortant du tombeau, n'avait pas alors d'autre ami que la France. Un ami de vieille date, M. Piscatory, notre ministre plénipotentiaire, secondait remarquablement la politique de Guizot.

Son attitude vis-à-vis de la cour de Rome avait autrement d'importance et se liait à toutes les questions d'enseignement. Aux yeux de Guizot, la liberté de l'enseignement était la conséquence nécessaire de l'incompétence de l'État en matière religieuse. Mais la lutte pour la liberté de l'enseignement, dans les dernières années de la monarchie de Juillet, s'était échauffée et avait changé de caractère! Elle était devenue entre l'État et l'Église une guerre à outrance. Elle passa bientôt sur la tête des jésuites, qui furent pour l'opinion publique les représentants de la liberté de l'enseignement. Plus d'une fois, à la Sorbonne et dans les Chambres, Guizot avait exprimé sans réserve sa pensée sur la Compagnie de Jésus, son influence historique, sa direction actuelle dans notre société. Il avait parlé d'elle en historien, non seulement dans un chapitre de l'*Histoire de la civilisation en Europe*, mais dans un discours à la Chambre des pairs, le 9 mai 1844. Il proposa au roi d'ajourner l'emploi des lois en vigueur contre les congrégations religieuses non autorisées, et de porter la question de la dissolution de la Société de Jésus, en France, devant le pape.

Pour faire présenter et soutenir à Rome cette proposition, il fit choix d'un homme nouveau, bien connu pourtant du public européen, M. Rossi; c'était un esprit hardi avec mesure, aussi patient que persévérant, et insinuant sans complaisance. Son succès auprès de Grégoire XVI fut complet et le 6 juillet 1845 le *Moniteur* contenait cette note officielle : « Le gouvernement du roi a reçu des nouvelles de Rome; la négociation dont il avait chargé M. Rossi a atteint son but. La congrégation des jésuites cessera d'exister en France et va se disperser d'elle-même; ses maisons seront fermées et ses noviciats seront dissous. »

Au milieu des manœuvres que l'exécution de cet engagement amenait autour du saint-père, il mourut (1er juin 1846), et il ne s'agit bientôt plus des jésuites et de la liberté de l'enseignement. L'avènement de Pie IX suscitait dans toute l'Italie et en

France un vif enthousiasme. Rossi, dans une correspondance intéressante, éclairait Guizot sur les débuts du pontificat, et Guizot lui répondait : « Reconnaître d'un œil pénétrant la limite qui sépare, en fait de changements et de progrès, le nécessaire du chimérique, le praticable de l'impossible, le salutaire du périlleux; poser d'une main ferme cette limite et ne laisser au public aucun doute qu'on ne se laissera pas pousser au delà, voilà ce que font et à quels signes se reconnaissent les vrais et grands chefs de gouvernement. Le pape peut compter sur tout notre appui. »

Du jour où la monarchie de Juillet fut emportée, le contre-coup se fit sentir profondément à Rome. Rossi, que le pape appelait à son aide, allait payer de sa vie son courageux dévouement, et le règne de Pie IX était coupé en deux périodes absolument opposées.

Quelque importants que fussent ces événements, il en est un autre non moins considérable à rappeler. Guizot eut à traiter le mariage de la reine Isabelle II d'Espagne, avec son cousin le duc de Cadix, et celui de sa sœur, l'infante Fernanda, avec le dernier des fils du roi Louis-Philippe, le duc de Montpensier.

Guizot avait adopté, sinon comme loi absolue, du moins comme règle générale de conduite, le principe de la non-intervention dans le régime intérieur des peuples. Certes la tentation était grande pour Louis-Philippe d'écouter complaisamment l'intérêt de sa propre famille. Le vœu dominant en Espagne, dans l'esprit de la reine Christine, comme dans le parti modéré, appelait comme mari d'Isabelle un des princes d'Orléans. Le roi repoussa cette idée. Guizot pensait avec lui qu'il ne fallait donner aux jalousies de l'Europe aucun motif spécieux.

Il envoya à Madrid un ambassadeur capable de bien comprendre notre rôle. Le comte Bresson qu'il avait choisi avait quitté Paris avec l'instruction de travailler au succès d'un mariage avec un des Bourbons de Naples. Le 29 janvier 1844, un incident inattendu modifia la situation relative des divers prétendants. L'infante Dona Carlotta, mère du duc de Cadix et du duc de Séville et ennemie mortelle de la reine Christine, mourait. Avec elle disparaissait le principal obstacle aux chances matrimoniales de ses fils.

L'habileté de Guizot fut de resserrer de jour en jour le cercle des prétendants entre lesquels la reine Isabelle avait à choisir. On était au mois de novembre 1844. Guizot parla alors de la possibilité d'un mariage entre le duc de Montpensier et l'infante Dona Luisa Fernanda. Cette perspective rendit Christine et le parti modéré espagnol, plus faciles.

La situation se compliqua de nouveau. Le fils cadet, l'infant Don Enrique, duc de Séville, se livra complètement au parti radical et reçut un ordre d'exil. D'autre part, le 29 juin 1846, après avoir accompli la réforme des lois sur les céréales, le cabinet de sir Robert Peel tombait. Lord Palmerston prenait au *Foreign Office* la place de lord Aberdeen. La lutte diplomatique entre la France et l'Angleterre allait recommencer. Alors à Madrid on n'hésita plus. Le 28 août, Isabelle donnait son consentement à son union avec le duc de Cadix. Elle informait également les gouvernements étrangers qu'elle accordait sa sœur en mariage au duc de Montpensier. Le 10 octobre, les deux mariages se célébrèrent.

Tant d'événements ont bouleversé l'Europe depuis 1848, que les accusations des contemporains, à propos de la politique étrangère de Guizot et son amour de la paix, ne peuvent plus influencer le jugement définitif de l'histoire ! Il y a un patriotisme plus réfléchi, plus large, dans lequel entre un sentiment général de justice, avec l'amour de l'humanité : Guizot avait celui-là.

XIV

Nous avons à parler de son action dans la politique intérieure, comme président du conseil, ayant remplacé le maréchal Soult.

Dans ce rôle, Guizot s'est complètement trompé ; et il a vu le pays lui échapper, sans comprendre comment s'accomplissait le mouvement.

C'est sur la double question de réformes à introduire dans notre régime électoral et parlementaire que la crise suprême de Février a éclaté. C'est qu'en effet cette double question était toute notre politique intérieure. Deux lois réglaient notre organisation politique : celle du 19 avril 1831, qui abaissait le cens électoral de 300 à 200 francs et le cens d'éligibilité de 1 000 à 500 francs; et la loi du 12 septembre 1830, qui soumettait simplement à la réélection les députés promus à des fonctions publiques, pendant la législature.

Lorsque le cabinet du 29 octobre 1840 prit possession du pouvoir, les insurrections, les émeutes, les conspirations avaient cessé. La prospérité du pays s'était développée, les idées fermentaient avec l'accroissement des loisirs et le mouvement littéraire et artistique. Les deux questions que les cabinets antérieurs s'étaient appliqués à éluder, celle des incompatibilités et celle de la réforme électorale, se posaient inévitablement.

Guizot s'est efforcé d'affirmer qu'il n'avait à ces deux propositions aucune objection de principe et qui fût définitive. Il les repoussait comme inopportunes, nullement provoquées par des faits graves et pressants, et les jugeait plus nuisibles qu'utiles à la consolidation du gouvernement constitutionnel. Lorsqu'en 1842, la proposition Ganneron, sur l'extension des incompatibilités parlementaires, et celle de M. Ducos sur la réforme électorale, furent présentées, il y avait 149 fonctionnaires salariés sur

459 membres dont la Chambre des députés était composée, et le nombre des électeurs ne dépassait pas le chiffre de 224 000. Guizot ne voyait dans le nombre grandissant des députés fonctionnaires aucun motif qui pût mettre légitimement en suspicion l'indépendance des résolutions de la Chambre. Il lui semblait naturel que dans l'état de la société française, où les fonctionnaires tiennent une si grande place, ils fussent appelés à la représenter dans la même proportion; ils étaient éclairés, expérimentés et préparés mieux que personne à comprendre les conditions du gouvernement; au surplus il ne s'agissait pas, aux yeux de Guizot, d'une question de principe, il considérait simplement la proposition Ganneron comme une attaque contre la politique qui prévalait dans la Chambre. Il ne comptait pour rien cette proportion énorme d'un tiers de députés fonctionnaires salariés, dépendant du ministère, par la force même des choses. Plus la démocratie au contraire progressait, plus elle était méfiante, inquiète et de moins en moins en contact politique avec ces fonctionnaires, la plupart magistrats, qui remplissaient leurs fonctions, de temps à autre, dans les intervalles des sessions.

Quant à la proposition Ducos, relative à la réforme électorale, Guizot s'apercevait bien que le nombre des électeurs était trop restreint, qu'en dehors des électeurs à 200 francs se trouvaient des esprits éclairés et ayant de l'action sur l'opinion publique; que, dans une grande démocratie, un pays légal composé de 250 000 électeurs finissait par ne plus rien représenter; mais il redoutait le suffrage universel et il raisonnait ainsi : « Qu'est-ce qui sépare aujourd'hui les électeurs à 300 francs, des électeurs à 200, à 100 à 50 francs? Ils sont dans la même condition civile, ils vivent sous l'empire des mêmes lois; l'électeur à 300 francs représente parfaitement l'électeur à 200 ou à 100 francs; il le protège, il le couvre, il parle et agit naturellement pour lui, car il partage et défend les mêmes intérêts. Un autre fait important résulte de l'état de notre société : c'est que ceux-là se trompent qui regardent le grand nombre des électeurs, comme indispensable à la vérité du gouvernement représentatif. Le grand nombre des électeurs importait autrefois, quand les classes étaient profondément séparées et placées sous l'empire d'intérêts et d'influences contraires, quand il fallait faire à chacune une part considérable. Rien de semblable n'existe chez nous. La parité des intérêts, l'appui qu'ils se prêtent naturellement les uns aux autres, permettent de ne pas avoir un grand nombre d'électeurs, sans que ceux qui ne possèdent pas le droit de suffrage aient à en souffrir. » (*Mémoires*, t. VI, p. 374.)

Il oubliait que la haute bourgeoisie finissait par envisager les intérêts publics sous l'aspect de ses intérêts privés, que son détachement des opinions politiques grandissait, que son insouciance des questions générales allait aussi croissant; qu'il n'y avait plus dans ce milieu qu'on appelait le pays légal, d'esprit public; qu'on y jouissait du bien-être, sans songer à assurer le lendemain, et que dans cette indifférence et cette inertie, il n'y avait plus de place pour les passions généreuses! Et puis le cabinet durait trop longtemps; ses partisans eux-mêmes se croyaient moins obligés d'être unis autour de lui et d'être vigilants pour sa défense. Un ami aussi fidèle que désintéressé, le duc de Broglie, écrivait à Guizot (30 octobre 1844) : « Tout s'use à la longue, et les hommes plus que tout le reste, dans notre forme de gouvernement. Il y a quatre ans que vous êtes au ministère. Vous avez réussi au delà de toutes vos espérances; vous n'avez pas de rivaux. Le moment est venu pour vous d'être le maître ou de quitter momentanément le pouvoir. Pour vous, il vous vaudrait mieux quelque temps d'interruption. »

Guizot ne suivit pas cet excellent conseil. il était d'un naturel optimiste et il aimait la lutte, espérant encore la victoire.

Cependant, après les élections de 1846, l'opposition devenait plus ardente. *Enrichissez-vous par l'Épargne et par le travail*, avait-il dit, avec bon sens, à ses électeurs; mais ses ennemis, supprimant la moitié de la phrase, lui lançaient au visage comme une injure, ce mot : *Enrichissez-vous!* Les accusations de corruption, dans ce corps électoral étroit, se multipliaient. Des procès scandaleux, des morts violentes, se succédant coup sur coup, aggravaient les tristesses du moment et troublaient l'imagination populaire. « L'air semblait infesté de désordres moraux et de malheurs imprévus, qui venaient en aide aux attaques de parti, que le cabinet avait à subir. » Guizot persistait à regarder la politique de résistance, comme la seule efficace, étant à la fois libérale et anti-révolutionnaire. Il croyait gouverner avec toutes les classes moyennes et il ne les voyait que dans la haute bourgeoisie censitaire, c'est-à-dire une nouvelle aristocratie : c'était une erreur.

Certes le projet de loi, déposé le 6 mars 1847 par M. Duvergier de Hauranne, était bien inoffensif. Il comportait l'abaissement du cens à 100 francs et l'adjonction des capacités, c'est-à-dire 250 000 électeurs de plus. C'était bien peu de chose, et M. Cobden, causant avec Odilon Barrot, s'étonnait qu'on s'agitât autant pour demander si peu. Ce peu eût suffi, pendant quelques années, eût servi de transition et préparé l'éducation politique des cadres, avant d'arriver au suffrage universel. Guizot écarta encore la proposition; il exposa doctrinalement les avantages du système qui, au lieu de placer le droit électoral dans le nombre, le plaçait dans la capacité politique.

Le jour même (26 mars 1847) où la Chambre se prononçait contre la réforme électorale, M. de Rémusat déposait une proposition de réforme parlementaire afin d'exclure la plupart des fonctionnaires; Guizot par un geste négatif repoussa la prise en considération. Une pareille résistance était-elle opportune et justifiée? Nous ne le pensons pas.

Les lettres de Guizot à M. le duc de Broglie et à M. de Barante dans les derniers jours le montrent enfin triste et las de la lutte. Le parti conservateur lui-même ne le soutenait plus qu'avec une mollesse chagrine, avec plus de crainte de l'opposition que de confiance dans le cabinet.

On sait comment la révolution de Février emporta le ministère et la monarchie. Nous n'avons pas à reproduire la campagne des Banquets et tout ce qui suivit. Nous dépasserions le but de cette biographie.

XV

La tourmente révolutionnaire fut plus menaçante pour la sécurité personnelle de Guizot qu'il ne le soupçonnait d'abord. Plus d'une fois, il entendit des cris de mort retentir dans la rue. L'amitié de M. et de Mme Lenormant veilla sur lui. Ces excellents amis le cachèrent dans la maison de Mme de Mirbel, qui le soigna avec un zèle infatigable jusqu'au 1er mars. Ses enfants l'avaient devancé dans l'exil en Angleterre. Le 3 mars 1848, leur père se joignait à eux. Seule, sa vieille mère manquait à la réunion de la famille. Restée à Paris, elle avait étonné par sa fermeté d'âme les amis qui l'entouraient. Elle attendait chez Mlle de Chabaud-Latour le moment où elle pourrait entreprendre son voyage.

Guizot écrivait le 13 mars à M. de Barante : « Quand ma mère sera arrivée, j'aurai auprès de moi tous les premiers objets de mon affection. Mais je suis et je resterai profondément triste. Quel spectacle! quel avenir! »

Il avait trouvé à Brompton, près de Londres, une petite maison suffisante et pas ruineuse. Il s'y installa avec les siens et se remit au travail. C'était une nécessité ; sa modeste fortune, et même son traitement de membre de l'Institut avaient été mis sous le séquestre.

Peu de temps après son installation, sa mère s'éteignait sans effort et sans secousse (31 mars). Les angoisses de ces derniers jours l'avaient usée. Le jour de son arrivée en Angleterre, elle avait dit à son fils en l'embrassant : « A présent je puis mourir ». Et elle avait accompli son dernier acte de dévouement avec l'énergie qui lui avait fait braver si souvent la fatigue et la souffrance. Avec une sérénité indomptable, son fils avait accepté sa destinée. Ses lettres à ses amis, au lendemain de Février, sont sans fiel et sans amertume. Il écrivait à M. Vitet (1er juillet 1848) : « Nous avons dépensé, en dix-sept ans, tout le capital de bon sens et de courage politique que le pays avait amassé depuis 1789. Il a cessé en 1848 de pouvoir faire honneur aux lettres de change que nous tirions sur lui. De là sa banqueroute et la nôtre. Combien de temps lui faudra-t-il pour se refaire un autre capital? Je n'en sais rien. »

Tout en reprenant ses travaux d'histoire, il publiait

une brochure qui eut du retentissement, *la Démocratie en France*, mais qui fit échouer ses projets d'élection à l'Assemblée législative. Il rentrait en France en juillet 1849, heureux de revoir la patrie. Une ordonnance de non-lieu avait fait cesser toutes les mesures prises contre lui. Il s'enferma dans sa retraite du Val-Richer, disant son avis quand il le croyait utile et résolu à ne se mêler activement de politique que s'il y était hautement appelé. « Je sais, écrivait-il à M. Piscatory (8 juillet 1850), que la République peut être un beau et bon gouvernement, et pour mon compte, je m'en arrangerais très bien. Par malheur, je crois savoir aussi que ce gouvernement-là veut de la part du pays plus de bon sens et plus de vertu qu'aucun autre. » Il prévoyait le second Empire, mais il ne voulait lier son nom à aucun autre gouvernement qu'à celui de Juillet.

Ayant marié ses filles à son gré, ayant retrouvé ses amis, il travaillait et il s'estimait heureux.

A partir de 1851, il partageait son temps entre Paris et le Val-Richer. A Paris, l'Académie et ses meilleures et ses plus anciennes amitiés, la princesse de Lieven, Mme Lenormant, la comtesse Mollien, le duc de Broglie, M. de Barante, M. Piscatory prenaient de sa vie tout ce qui n'était pas donné à l'étude. L'Académie eut de plus en plus à ses yeux de l'intérêt. Les réceptions de M. de Montalembert, du père Lacordaire, de M. Biot furent pour Guizot une occasion des plus brillants succès oratoires.

Il semble que, dès lors, il se soit confiné dans les lettres. Il ne faisait de politique que dans les conversations de salon. On ne peut donc prendre très au sérieux ses projets de fusion entre les deux branches de la maison de Bourbon. Lui-même reconnaît, dans une note communiquée à M. le comte de Chambord, « que la fusion comptait peu de partisans « passionnés et actifs ; que si les classes moyennes ne « crient plus : *Point de prêtres ! Point de nobles !* les « sentiments et les méfiances qui inspirent ce cri sont « au fond de bien des cœurs. Elles regardent les légi- « timistes comme d'anciens rivaux qui voudraient « redevenir, qui redeviendraient les maîtres, si la « légitimité triomphait. » — Dans une lettre à M. Piscatory, au lendemain des élections qui acclamaient l'Empire (7 mai 1852), Guizot disait avec justesse : « Il y a deux Frances, celle des classes politiques, celle des classes populaires. Elles ne se connaissent pas du tout et agissent chacune pour son compte, sans se soucier l'une de l'autre. De plus, les classes politiques sont profondément divisées entre elles. Tant que ces deux faits-là subsisteront, il n'y a rien à faire. »

C'est le moment de son plus ardent travail. Ses volumes sur l'histoire de la révolution d'Angleterre se préparent. Il pense à rédiger ses *Mémoires*. Comme il le confie à Mme Austin (2 décembre 1852), il est le plus étranger à ce qui se passe en France depuis 1848, et le plus triste et le plus humilié pour son pays. Son esprit grandit dans la retraite. Sa fille Pauline, souffrante et triste après la mort de son premier enfant, était partie pour Rome ; le père lui écrit :

« Tu as reçu des cérémonies de la chapelle Sixtine l'impression que j'aurais prédite. Le culte catholique s'est formé et développé dans des temps et au milieu de populations si barbares et si misérables, que les deux ressorts de l'autorité et de la pompe extérieure étaient indispensables et presque seuls efficaces. On n'arrivait aux âmes que par les yeux ou par la force, en frappant ou en charmant les imaginations. De là les deux caractères essentiels de l'Église catholique, l'éclat extérieur et la séparation complète du clergé et du peuple. Quand l'âme humaine est devenue beaucoup plus active et plus difficile, il a fallu faire à sa vie intérieure et à chaque individu une plus large part. De là les deux caractères essentiels de la Réforme. Dans le culte, la prédominance de l'intérieur sur l'extérieur ; dans l'Église, la prédominance des fidèles sur le clergé. Les deux systèmes ont correspondu à l'état des sociétés et des âmes.

« Ta tristesse, ma chère enfant, tu la garderas. Mes bonheurs et mes malheurs, tu le sais, sont tous là, autour de moi, dans ma chambre ; je ne lève pas les yeux sans rencontrer tous ensemble mes plus doux et mes plus tristes souvenirs.... Rien de ce qui a été véritablement senti ne s'efface.... »

Bien qu'il vécût loin de la politique, comparant la France, sous le second Empire, à ces fils de famille qui font mal leurs affaires et qui disent à un intendant : *Faites-les pour moi, je n'y entends rien*, Guizot se préoccupait toujours de deux questions, celles qui touchaient à l'instruction publique et celles qui intéressaient le protestantisme.

Il eut l'occasion de s'expliquer sur la célèbre loi du 27 mars 1850, lorsque l'Institut manifesta l'intention de le désigner comme membre du Conseil supérieur de l'instruction publique. Sa lettre du 5 juillet de la même année est très explicite : « Ni par les représentants de l'élément laïque, dit-il, ni par ceux de l'élément religieux, la transaction n'est considérée comme bonne en soi et définitive. L'Université se tient pour sacrifiée; le clergé ne se tient pas pour satisfait. L'une se résigne, quant à présent, à ce qu'elle n'a pu empêcher; l'autre accepte ce qu'il a obtenu, sans renoncer à d'autres espérances. C'est un temps d'arrêt dans la lutte, ce n'est point la paix.... Entre les deux puissances qu'elle appelle à gouverner en commun l'instruction publique, la nouvelle loi multiplie les points de contact et les liens.... Partout le pouvoir est divisé et subdivisé pour que chacun des prétendants en ait une part, sans que ni l'un ni l'autre puisse compter sur la prépondérance, et de telle sorte qu'à l'un et à l'autre, tour à tour, on puisse la faire entrevoir.... C'est le gouvernement incessamment livré aux tiraillements brusques ou lents, publics ou cachés, d'autorités nombreuses ou complexes. » Guizot refusa donc de mettre la main à une œuvre au succès de laquelle il ne croyait point.

Une autre cause de tristesse pour lui fut le décret du 9 mars 1852, qui modifiait profondément l'organisation et la discipline de l'Université et prescrivait la préparation d'un nouveau plan d'études dont le principal caractère était la bifurcation. Il écrivait à sa fille aînée : « Il y avait dans l'Université et la législation de l'enseignement d'excellentes réformes à faire, que le Président pouvait faire sans ménagements, comme sans obstacles, utiles pour lui-même et pour son gouvernement, comme pour l'état des esprits et des études en France. Il vient de manquer tout à fait son coup et de méconnaître son propre intérêt et celui du pays. Il a détruit ce qu'il y avait de bon dans l'Université de son oncle et il n'y a pas mis ce qu'il eût pu y mettre lui-même de bon et de nouveau. C'est triste. »

Guizot se désintéressa si peu de tout ce qui tenait à l'instruction publique que, vers la fin du second Empire, il accepta de présider une commission chargée de préparer un projet de loi sur les réformes et la liberté de l'enseignement supérieur. Il était resté fidèle à la pensée de créer en France quelques grandes universités.

Il n'y eut que les choses religieuses qui le passionnèrent davantage. Membre zélé du Consistoire, il avait pris position dans la lutte qui divisait le protestantisme français ; et il écrivait ses *Méditations sur la Religion chrétienne*. Il s'intéressait non moins vivement à ce qu'on appelait le catholicisme libéral. Ses lettres à Mme Lenormant et à M. Vitet, lors de la publication de la célèbre encyclique de Pie IX, en font foi.

A mesure que la solitude se faisait autour de lui et que la mort lui enlevait un à un les compagnons de son esprit, il sentait de plus en plus vivement; il éprouvait une extrême difficulté de croire à la mort de ceux qu'il avait aimés. « Son cœur était comme ses yeux; il cherchait encore ce qu'il ne trouvait plus; et la mort de ses amis était une découverte qu'il faisait bien des fois après l'avoir apprise. » La perte de Mme la princesse de Lieven, qu'il voyait presque tous les jours à Paris depuis longues années, lui avait laissé une profonde blessure. Pour se remettre, il avait cédé au désir de ses amis d'Angleterre qui voulaient le revoir encore une fois au milieu d'eux. Il était allé passer une ou deux semaines dans le Norfolk, chez sir John Boileau, puis à Haddo-House, au milieu des enfants de lord Aberdeen. Il avait puisé dans ce milieu plus de forces pour écrire ses *Mémoires*; mais la mort frappait autour de lui des têtes chères. Elle enlevait M. de Barante, avec qui, depuis cinquante-cinq ans, il avait noué une amitié sincère, sérieuse et confiante et qui, par son testament, n'avait voulu être rappelé qu'à deux personnes, le duc de Broglie et lui. Le duc de Broglie le quittait à son tour. C'était le plus ancien de ses amis; leur intimité datait de 1818... et les événements, les épreuves ne l'avaient jamais altérée. Guizot écrivait à M. Piscatory que c'était l'une des bonnes fortunes de sa vie d'avoir eu pour amis, dans les affaires publiques, lord Aberdeen et le duc de Broglie, « les deux hommes à qui il avait porté le plus d'estime et de confiance, tous les deux sans faste et sans bruit ». S'il ne lui fut pas possible de dire adieu, devant leur cercueil, à M. de Barante et au duc de Broglie, Guizot s'en dédommagea en écrivant pour chacun d'eux « une vie de Plutarque ».

Il supportait moins fermement qu'autrefois la disparition de ceux qu'il aimait. Plus on est soi-même près de les quitter, plus il est douloureux de les voir partir. Depuis 1837, date de la mort de son fils aîné, Guizot avait perdu toute confiance dans la vie et tout sentiment de sécurité.

Son optimisme était mis à une rude épreuve par la politique extérieure du second Empire. Guizot considérait que cette politique avait les deux défauts qu'il détestait le plus : l'indécision et l'imprévision. Il ne voyait chez le souverain et chez ceux qui le servaient, ni idée arrêtée, ni volonté efficace. « Je ne connais aujourd'hui en Europe, disait-il, que M. de Bismark qui poursuive un dessein parce qu'il l'a conçu et le veut. Il n'est ni sensé, ni honnête, mais il est quelqu'un. »

Il passait au Val-Richer les deux tiers de l'année. La retraite au milieu des livres et de ses filles lui était douce. Depuis que ses *Mémoires* étaient terminés, il s'occupait de l'*Histoire de France racontée à ses petits-enfants*.

De ses anciens correspondants, il n'avait gardé

que M. Piscatory, M. Vitet, Mme Lenormant, Mme Mollien.

Les désastres de 1870 le trouvèrent en Normandie. La pensée de Guizot revenait au duc de Broglie : « Comme mon pauvre Victor a bien fait de mourir ! » répétait-il. Cette fois ce qui lui restait d'optimisme échoua. Son attente douloureuse allait être dépassée ; il tomba malade.

La résolution lui vint dans son lit de servir encore son pays, en disant au monde ce qu'il pensait de la situation, de ce qui l'avait amenée, et des remèdes à y apporter. Il écrivit deux lettres, l'une aux membres de la Défense nationale, l'autre à M. Gladstone, lettres dictées par le plus fervent patriotisme. Devant ses amis d'Angleterre, il soutenait que la neutralité pouvait être efficace, sans être guerrière, et qu'elle devait l'être, sous peine de déclin politique en Europe.

Sa lettre à l'évêque de Winchester, Samuel Wilberforce, le fils du promoteur de l'abolition de l'esclavage, est admirable : « Je n'ai garde, disait-il, de toucher ni à la question de l'unité allemande, ni de rechercher quelle a été dans le grand événement de Sadowa et dans ses conséquences la part vraie et spontanée des sentiments allemands et celle de l'ambition prussienne. Qu'ont de commun avec ces faits les prétentions maintenant élevées sur l'Alsace et la Lorraine ? Ces provinces ne sont-elles pas, depuis deux siècles, entièrement incorporées à la France et reconnues telles par tous les traités à la suite de toutes les guerres ? Est-il sorti de ces provinces quelque manifestation, quelque apparence de désir pour entrer dans l'unité allemande?... Je ne fais nul cas des utopies. Tout ce que je demande, c'est qu'on ne laisse pas l'ambition et la force se faire elles-mêmes, sans objection et sans gêne, la place et la part dont elles auraient envie.... »

La France ne dut qu'à elle-même son relèvement, la voix de Guizot resta sans écho. Il ne persistait pas moins dans son ardeur patriotique, il applaudissait à la défense héroïque de Paris; quatre de ses enfants ou petits-enfants étaient sur le rempart. « Paris a sauvé l'honneur de la France », écrivait-il à M. Vitet. A quatre-vingt-quatre ans, il venait à Versailles demander à M. Thiers, président de la République, une chose qui lui tenait au cœur, la convocation du synode de l'église protestante, et il l'obtenait. Nous assistâmes obscurément dans un coin du salon de la Préfecture à cette entrevue, et nous n'oublierons jamais l'éloquence de la conversation de l'illustre vieillard.

Le synode s'ouvrait. Après avoir dirigé ses premiers travaux, Guizot ne put en soutenir jusqu'au bout l'effort, et ce fut du Val-Richer qu'il suivit avec passion les autres séances. Malgré son grand âge, il était destiné à survivre à toutes ses amitiés. Le 6 juin 1873, M. Vitet, plus jeune que lui, le précédait dans la tombe. Il avait eu des amis plus complets et plus intimes, il n'en avait pas eu de plus aimable et de plus distingué en toutes choses. C'était un pas de plus dans la solitude du cœur;

mais ce n'était pas encore le dernier. Sa fille, Mme Cornelis de Witt, partit encore avant lui, le 28 février 1874.

Le vieux père travaillait toujours; sa seconde fille l'assistait dans sa tâche. Il avait écrit une dernière fois à Mme la comtesse Mollien, et ce suprême souvenir était fortifiant. « Je laisse le monde bien troublé, lui « disait-il; comment renaîtra-t-il? Je l'ignore, mais « j'y crois. Dites-le, je vous prie, à mes amis, je « n'aime pas à les savoir découragés. »

C'est le mot qui clôt le volume de lettres publié par sa fille et il était bien digne d'une des âmes les plus vaillantes de ce siècle.

Le quatrième volume de l'*Histoire de France* était terminé lorsque Guizot, cédant enfin à une faiblesse croissante, se mit au lit pour ne plus se relever. Plus d'une fois, raconte Mme H. de Witt, il prononça le nom de la France, dont les malheurs avaient été les premiers coups portés à sa robuste vieillesse. « Il faut servir la France, répétait-il, pays malaisé à servir, imprévoyant et inconstant. Il faut le bien servir, c'est un grand pays. » Sa fille était agenouillée au pied de son lit. « Adieu, ma fille, adieu, disait-il. — Au revoir, mon père », répondit-elle. — Guizot se releva seul sur ses oreillers; ses yeux brillaient : « Personne n'en est plus sûr que moi », s'écria-t-il. — Puis le silence de la mort commença et il s'éteignit plein de foi et d'espérance dans la vie future, le 12 septembre 1874, à l'âge de quatre-vingt-six ans.

DEUXIÈME PARTIE

GUIZOT HISTORIEN

I

La France n'avait pas eu de véritable enseignement historique avant Guizot.

Il a été notre plus grand professeur d'histoire. Lorsque le 11 décembre 1812, à peine âgé de vingt-cinq ans, il commença son cours à la Sorbonne, il ouvrit une voie nouvelle et se révéla sur-le-champ comme un chef d'école. En affirmant, dans sa première leçon, que l'historien doit *dégager les idées dominantes, les grands événements qui ont déterminé le sort, le caractère d'une longue suite de générations*, et doit prendre pour guide *la raison et ses données positives à travers le dédale incertain des faits*, Guizot créait une méthode qui était une révolution non seulement dans l'enseignement de l'histoire, mais aussi dans la manière de la comprendre.

Après de fortes préparations, armé d'une connaissance approfondie des textes et des documents, il montait dans sa chaire, lisait le résumé de la leçon précédente et improvisait, inspiré qu'il était par le savoir. Ce n'étaient pas des personnages qu'il faisait revivre sous sa parole austère et abstraite, c'étaient des principes qu'il posait, les transformant en lois, établissant des rapports logiques entre les faits et les rangeant sous une discipline inflexible. C'est ainsi que ses cours, comme ses livres, sont des monuments par la solidité des assises, la clarté du plan, la fermeté et la régularité des lignes.

A côté de cette nouvelle méthode toute philosophique, son cerveau d'historien agitait des idées maîtresses qu'il tenait de son éducation et de sa nature d'esprit. N'oublions pas en effet que Guizot était un calviniste convaincu, porté par ses croyances religieuses vers tout système qui ferait place à la valeur intellectuelle et à la responsabilité de l'individu, mais en conservant la part de l'autorité et du pouvoir; n'oublions pas qu'il voyait le rôle de la Providence dans les affaires humaines, sans toutefois paraître d'aucune façon un théologien; n'oublions pas encore qu'il ne sépara jamais le développement social du progrès moral.

Il s'est, en plus, servi de la politique pour éclairer ses investigations historiques. Tout en fouillant les pièces originales et en scrutant les sources avec une haute probité intellectuelle, il mêlait l'étude à l'action, debout dans les agitations des partis, aspirant à prendre la direction des classes moyennes, et cherchant dans ses travaux historiques les fondements des théories qu'il devait un jour soutenir à la tribune.

De bonne heure, il avait admiré les institutions anglaises, à la fois protestantes et libérales : il y voyait un modèle à mettre sous les yeux de la haute bourgeoisie française, sinon pour les adopter complètement, du moins pour s'en approcher.

Enfin, sa nature d'esprit l'éloignait de ces détails amusants qu'on appelle le côté pittoresque de l'histoire et de ce penchant anecdotique qui a emporté tant d'écrivains bien doués et les a souvent fait dévoyer. Guizot ne voyait dans le déroulement des révolutions qu'un enchaînement rigoureux des effets et des causes ; il ne croyait pas à l'imprévu et au hasard dans la vie des nations. La profondeur de son analyse n'est pas celle d'un curieux, ni d'un peintre, mais celle d'un moraliste fouillant l'humanité pour étudier partout l'individu, cherchant dans le passé les motifs de régler et de subordonner le présent.

Comme il ne vise pas à plaire, mais à convaincre, la littérature n'est pas son but, l'histoire n'est pour lui qu'un moyen de répandre ses idées.

Jamais les origines, le fond et la logique de l'histoire de France n'avaient été exposés avec autant de pénétration et autant d'élévation de vues ; Guizot a ouvert l'ère de l'histoire philosophique proprement dite. Avant lui, Montesquieu seul excepté, il n'y avait eu que des systèmes sans fondement solide.

Guizot rétablit sur des données positives la nature, l'origine et le caractère des grandes institutions civiles et politiques, à travers le moyen âge, depuis la chute de l'Empire romain; et les *Essais sur l'Histoire de France*, l'*Histoire de la civilisation en France*, l'*Histoire de la civilisation en Europe*, sont trois parties du même tout, trois phases successives du même travail continué pendant dix années.

II

De tous les publicistes qui, à la fin du XVIIIe siècle, essayèrent de formuler une théorie de notre histoire nationale, l'abbé Mably, par ses aperçus généraux, par son apologie de la tradition romaine, était celui qui avait le plus frappé Guizot. Non pas qu'il méconnût les erreurs et les lacunes de ses *Observations sur l'Histoire de France*, mais il était convaincu qu'à tout prendre, aucun autre écrivain n'avait plus souvent démêlé ou entrevu la vérité. Il publia donc en 1823 une nouvelle édition de l'ouvrage de l'abbé Mably, et pour lui servir de complément, il fit paraître les *Essais sur l'Histoire de France*.

Il manque peu de chose à ce livre pour qu'il soit

une histoire suivie; les six *Essais* qui composent le volume ne sont que six chapitres. Guizot ne voulut pas leur donner une forme plus systématique, bien qu'il eût suivi une marche progressive et maintenu son unité de vues. Pour bien comprendre l'histoire des peuples, il faut s'asseoir longtemps auprès de leur berceau. Guizot n'y a pas failli. Préoccupé de l'avenir du gouvernement représentatif en France et de son succès en Angleterre, il entreprend d'expliquer le grand fait qui distingue profondément les deux peuples et qui influera encore longtemps sur leur caractère et leur destinée : à savoir que la France n'est entrée dans la carrière de la liberté politique qu'après des progrès immenses dans celle de la civilisation, tandis qu'en Angleterre un gouvernement libre était né au sein même de la barbarie. Mais avant d'en rechercher les causes, l'historien se place au ve siècle de l'ère chrétienne, et il établit d'abord que le despotisme de l'Empire romain avait amené en Gaule la destruction de la classe moyenne. Son anéantissement avait été le résultat d'un régime municipal qui l'avait rendue à la fois l'instrument et la victime de l'administration romaine. Ce seul fait explique la prodigieuse facilité des invasions des Barbares et permet de comprendre l'état social qui leur succède.

Pour la première fois, le rôle de l'Église est mis à sa place. C'est par le clergé que se sont conservées, dans les villes, les lois et les coutumes romaines; entre l'ancien régime municipal des Romains et celui des communes du moyen âge, le régime municipal ecclésiastique est placé comme transition. Guizot conclut que, sans libertés publiques, il n'y a pas de libertés municipales solides.

C'est après ces préliminaires qu'il examine l'état social et les institutions politiques sous les Mérovingiens et les Carolingiens.

Avant lui la plupart des historiens et des publicistes avaient cherché à connaître l'état de la société, le degré ou le genre de sa civilisation, par l'étude des institutions politiques; Guizot étudie d'abord la société elle-même. Avant de devenir des causes, les institutions sont des effets, la société les produit avant d'en être modifiée. Nulle part ce renversement de méthode historique n'avait jeté autant d'incertitude et de confusion que dans l'histoire de nos institutions politiques. Rien ne le prouve mieux que la prodigieuse diversité des systèmes dont elles avaient été l'objet. Dans le gouvernement de la France entre Clovis et Hugues Capet, le comte de Boulainvilliers avait vu l'aristocratie la plus exclusive et la plus fortement constituée. L'abbé Dubos y trouvait la monarchie pure. L'abbé Mably y reconnaissait la république ou peu s'en fallait; leurs systèmes étaient tous faux, parce qu'ils étaient tous incomplets.

Guizot dit justement que si, avant d'étudier comment la nation était gouvernée, ces écrivains eussent recherché comment elle était organisée, la principale cause de leurs contradictions et de leurs méprises aurait disparu. L'état des personnes est la première question qui doit appeler l'attention de l'historien ; chez tous les peuples modernes et à dater du démembrement de l'Empire romain, l'état des personnes a été étroitement lié à l'état des terres. Le régime féodal qui a si longtemps dominé en Europe et a laissé partout des traces si profondes, a été le résultat de cette intime combinaison et de l'influence décisive qu'elle a exercée sur les institutions. Au xe siècle, les pouvoirs sociaux acquérant quelque fixité, le pays appartint à un système qui eut son unité, ses règles, un nom propre ; Guizot reconnaît que ce système n'a pas été sans force et sans éclat. De grandes choses et de grands hommes, la chevalerie, les croisades, la naissance des langues et des littératures populaires l'ont illustré ; et pourtant aucun système n'est demeuré plus odieux à l'instinct public ; Guizot en recherche les causes. A ses yeux, c'est dans le caractère politique de la féodalité, dans la nature et la forme de son pouvoir, que réside le principe de cette aversion populaire et il détruit cette supposition que la féodalité s'est faite d'un seul coup, telle qu'elle fut cinq cents ans plus tard. Elle a été une confédération de petits despotes, inégaux entre eux, et ayant les uns envers les autres des devoirs et des droits, mais investis dans leurs propres domaines, sur leurs sujets personnels et directs, d'un pouvoir arbitraire et absolu.

C'étaient autant d'idées originales, de traits de lumière dans un chaos d'erreurs.

Les *Essais* s'arrêtent au moment où la direction

politique de la France et de l'Angleterre paraît décidée au moins pour de longues années. Quel est le dernier mot de ce très remarquable ouvrage? C'est qu'en France jusqu'au XIVe siècle, tout a été individuel, tandis qu'en Angleterre, tout a été collectif. Désormais, jusqu'à la Révolution, les choses tendront en France vers le triomphe de la monarchie; en Angleterre, vers celui du gouvernement parlementaire. Les efforts de l'aristocratie pour se saisir du pouvoir souverain et les tentatives de la nation pour constituer au centre de l'État un système représentatif, n'ont été chez nous, durant de longs intervalles, que des accidents, effets de causes peu profondes et de crises passagères.

Dans cette opposition de destinées, Guizot trouvait un moyen d'éducation politique pour les nouvelles générations; il avait du reste, en 1820, fait un cours spécial sur les origines du gouvernement représentatif en Europe. En choisissant un tel sujet, il suivait toujours invariablement sa ligne; son discours d'ouverture avait eu de l'éclat, tant il excelle dans ces larges exposés de doctrines, dans ces résumés philosophiques!

Les leçons avaient été recueillies dans un *Journal des Cours publics*; Guizot les publia en deux volumes à son retour d'exil : ce sont des analyses incomplètes, parfois confuses. L'historien n'a fait qu'un travail sommaire de revision; et nous ne pouvons donner à ces notes plus d'importance qu'il ne leur en a donné lui-même, mais la méthode et le plan restent intacts dans cette reproduction insuffisante. Le premier volume est une remarquable esquisse des institutions politiques des Visigoths, un peuple qui attend encore son histoire définitive. Le second volume est consacré aux chartes anglaises, à l'examen du système électoral en Angleterre au XIVe siècle, aux causes de la décadence du Parlement durant la guerre des Deux-Roses, tandis que de Henri VII à Élisabeth, la royauté progresse. Les leçons prirent fin avant que Guizot eût pu démontrer comment et pourquoi le gouvernement représentatif anglais se releva.

III

C'est dans l'histoire de *la Civilisation en France* et surtout dans l'histoire de *la Civilisation en Europe*, que Guizot donna la mesure de son talent. Le sujet était bien choisi pour ses qualités de généralisateur.

Il écrivait en tête d'une de ses préfaces ces nobles paroles : « Il en coûte cher pour devenir la France. Nous nous plaignons, et non sans droit, de nos épreuves et de nos mécomptes. Nos pères n'ont pas vécu plus doucement que nous, ni recueilli plus tôt et à meilleur marché les fruits de leurs travaux. Il y a dans le spectacle de leurs destinées de quoi s'attrister et se fortifier à la fois. L'histoire abat les prétentions impatientes et soutient les longues espérances. »

C'est une belle épigraphe dont il faut se souvenir dans les mauvais jours. Guizot considère que notre histoire nous donne un double enseignement : c'est la rivalité aveugle des hautes classes sociales qui a longtemps fait échouer parmi nous les essais de gouvernement libre. Au lieu de s'unir, soit pour se défendre du despotisme, soit pour fonder et pratiquer la liberté, la noblesse et la bourgeoisie sont restées séparées, ardentes à s'exclure ou à se supplanter, et ne voulant accepter, l'une, aucune égalité ; l'autre, aucune supériorité. Notre histoire nous montre ensuite que, si un principe, ou un intérêt, ou un sentiment en politique nous préoccupe, il nous domine exclusivement ; nous l'écoutons et nous le suivons jusqu'au bout, en logiciens passionnés, sans tenir compte d'aucune autre considération et d'aucun fait.

Jamais le tempérament de notre nation n'avait été jugé avec cette philosophie, jamais aussi, au sortir du XVIIIe siècle, en face de l'ancienne école voltairienne, aucun professeur n'avait parlé avec cette hauteur d'idées et ce détachement des passions, du rôle de l'Église, *qui avait attaqué la barbarie par tous les bouts, pour la civiliser en la dominant ; puisant une force immense dans son respect de l'égalité et des supériorités légitimes ; et devenant la société la plus populaire, la plus accessible à tous les talents, à toutes les nobles ambitions de la nature humaine.* Pour un protestant, c'était ne pas manquer d'équité.

Dès sa première leçon sur la civilisation en France, Guizot avait du reste posé comme un axiome que dans notre nation, l'homme et la société ont toujours marché et grandi à peu de distance l'un de l'autre. Au commencement du XIIe siècle, par exemple, éclate le mouvement d'affranchissement des Communes et en même temps se manifeste un vif élan vers la liberté de la pensée : Guizot prend pour témoins Abélard et les bourgeois de Vézelay et de Laon. Au XVIe siècle, ce même caractère distingue la Réforme en France; elle est aussi savante et plus modérée, plus raisonnable que partout ailleurs; à travers l'énergie et la sincérité de ses croyances, elle a rarement manqué de prudence pratique. Dans les temps modernes, aux XVIIe et XVIIIe siècles, l'intime et rapide union des idées et des faits, le développement correspondant de la société et de l'homme sont aussi visibles.

Moraliste en même temps qu'historien, Guizot étudie les diverses classes de notre ancienne société; il analyse leurs mœurs et leur physionomie et il est partout frappé des mêmes faits : ainsi le clergé français lui paraît à la fois docte et actif, associé à tous les travaux intellectuels et à toutes les affaires, raisonneur, érudit, administrateur, s'appliquant à allier et à concilier la religion, la science et la politique. De même les philosophes français, Montaigne, Descartes, Pascal, Bayle, ne sont ni de purs logiciens, ni des enthousiastes; ils offrent un rare mélange de spéculation et d'intelligence pratique; ils s'élèvent très haut, mais sans perdre la terre de vue. Enfin Guizot se demande quel trait caractérise particulièrement dans l'histoire de France la seule classe d'hommes qui y ait joué un rôle vraiment public, la seule qui ait tenté de faire pénétrer le pays dans son gouvernement, à savoir la magistrature et le barreau, le parlement et tout ce qui les entourait? N'est-ce pas précisément ce mélange de doctrine et de sagesse politique, de respect pour les idées et pour les faits, de science et d'application? Dans toutes les carrières où s'exerce l'intelligence pure, dans l'érudition, la philosophie, la littérature, l'histoire, partout vous rencontrerez les parlementaires et le barreau français; et, en même temps, ils ont pris part à toutes les affaires publiques et privées; ils ont eu la main dans tous les intérêts réels et positifs de la société.

Guizot déduit de ces observations que la civilisation française reproduit plus fidèlement qu'aucune autre nation le type général, l'idée fondamentale de la civilisation elle-même; il veut en tirer pour les âmes une régénération morale. « La science, dit-il, est belle sans doute et vaut bien à elle seule les travaux de l'homme; mais elle est mille fois plus belle, quand elle devient une puissance et enfante une vertu. »

Après nous avoir fait assister aux origines de la civilisation française sous les deux premières races, société sans unité, sans fixité, sans ensemble, l'historien se demande pourquoi la civilisation et l'histoire vraiment françaises commencent au moment où il est presque impossible de découvrir une France, tant le sol est couvert de petits peuples, de petits souverains à peu près étrangers les uns aux autres !

Il découvre cette loi que dans la vie des peuples, l'unité extérieure visible, l'unité de nom et de gouvernement, bien qu'importante, n'est pas la première, la plus réelle, celle qui constitue vraiment une nation. L'unité la plus profonde et la plus puissante est celle qui résulte de la similitude des institutions, des mœurs, des idées, des sentiments, des langues, l'unité morale enfin, très supérieure à l'unité politique et qui peut seule la fonder solidement.

La tendance vers l'unité nationale et par là vers l'unité politique devient le pivot autour duquel va tourner la civilisation en France.

Avec la même méthode, Guizot examine l'époque féodale sous un double point de vue, l'histoire de la société civile et religieuse et l'histoire de l'homme. Il considère la société civile dans les faits qui la constituent et dans les monuments législatifs et politiques qui émanent d'elle et où est empreint son caractère. Or du xe au xive siècle, trois grands faits résument l'histoire de la société civile : l'association féodale; au-dessus et à côté, reposant sur d'autres principes et se créant une existence distincte, la royauté; enfin, en intimes relations aussi avec l'association féodale, mais travaillant à s'en séparer, les Communes.

Quant aux monuments écrits qui donnent l'image de la féodalité, comme les *Institutions de saint Louis*, la *Coutume de Beauvoisis*, les *Assises de jurisprudence*, les *Conseils à un ami*, Guizot se proposait de les étudier, comme il avait étudié les lois barbares et les Capitulaires.

De la société civile, l'historien entendait passer à la société religieuse, et la considérer comme il l'avait déjà fait jusqu'au xe siècle, dans son organisation intérieure, dans ses rapports avec la société civile et avec la papauté. L'histoire de la société étant complète, il devait aborder l'histoire de l'esprit humain qui résidait à cette époque dans deux littératures distinctes : une littérature savante écrite en latin adressée uniquement aux lettrés et qui contient la théologie et la philosophie du temps ; en second lieu, une littérature nationale, populaire, toute en langue vulgaire, et s'adressant aux oisifs et au peuple.

C'était un très beau programme, un édifice aux fortes constructions, se superposant et développant d'imposantes façades où tout se tenait et qui devait aboutir à la démonstration de cette vérité, poursuivie obstinément par Guizot : que, malgré la décadence des Communes, au commencement du xive siècle, le tiers état était en continuel progrès.

La question était de savoir si ce ne fut pas un irréparable malheur que la perte des libertés communales. Guizot pense qu'à tout prendre, la centralisation a valu à la France beaucoup plus de prospérité et de grandeur, des destinées plus heureuses et plus glorieuses qu'elle n'en eût obtenu, si les institutions et les indépendances locales y fussent demeurées souveraines. Sans vouloir instituer un débat, nous rappelons que des esprits très élevés sont loin de partager cette opinion. Mais ce vaste plan que nous venons d'esquisser, Guizot ne put l'exécuter qu'en partie; le temps lui manqua. Bien qu'incomplète, son œuvre n'en est pas moins vigoureuse; si elle présente des lacunes que les études contemporaines ont comblées, elle a gardé néanmoins toute son autorité.

IV

Nous avions en France des histoires politiques, ecclésiastiques et littéraires, il nous manquait une histoire générale qui ne fût pas, comme le *Discours sur l'histoire universelle*, uniquement basée sur les croyances religieuses, ou, comme *l'Esprit des lois*, exclusivement élevée sur les institutions civiles et politiques. Guizot a comblé ce vide avec l'*Histoire de la civilisation en Europe*. La manière dont il a accompli ce dessein est originale et puissante. Ses quatorze leçons sont quatorze tableaux et chacun est le portrait de quelque événement capital, sans que dans la disposition générale du sujet et dans la manière dont les faits particuliers se dessinent et se développent, l'unité cesse de régner.

La France a été le foyer, le centre de la civilisation en Europe ; sans doute, elle a été devancée, à diverses époques : dans les arts, par l'Italie ; dans les institutions politiques, par l'Angleterre ; mais la France aussitôt a repris une vigueur nouvelle, s'est élancée et s'est vite retrouvée au niveau ou en avant de toutes les nations. Il n'est en effet presque aucune grande idée, aucun grand principe qui, pour se répandre partout, n'ait passé d'abord par notre pays ; que ce soit par l'effet de notre langue, du tour de notre esprit ou de nos mœurs, il est certain que nos idées se présentent plus clairement aux masses. Guizot est convaincu qu'il y a une destinée générale de l'humanité, une transmission du dépôt des vérités morales, et qu'un monde mieux réglé rend l'homme lui-même plus juste ; très optimiste, il pense que la civilisation est jeune et que le monde n'en a pas encore mesuré la carrière.

La civilisation consiste à ses yeux, nous le savons, dans le développement de l'individu, d'une part, et de l'autre, dans le développement de sa condition visible, la société ; l'état actuel du monde impose cette alliance de la philosophie et de l'histoire. Quant à la civilisation de notre patrie, elle a ce caractère particulier que la puissance de l'esprit a toujours été profonde dans la société française, plus profonde peut-être que partout ailleurs.

Après avoir analysé les éléments fondamentaux de la civilisation européenne; après avoir montré leur diversité, leur lutte constante et comment aucun n'avait réussi à dominer complètement les autres, Guizot conduit jusqu'au XIIe siècle l'histoire des premiers éléments de la civilisation moderne, d'abord le régime féodal, puis l'Église et enfin les communes qui ont amené la lutte des classes, lutte qui remplit le monde contemporain et dont il est né.

Avec la huitième leçon, l'historien entre dans la seconde période et ce sont les chapitres les plus remarquables du livre; la solution définitive se dégage.

C'est le caractère essentiel et distinctif de la société moderne comparée à la société européenne primitive que tous les éléments de l'état social, d'abord nombreux et divers, finissent par se réduire à deux : le gouvernement, d'une part; le peuple, de l'autre. Le premier mouvement considérable qui avait poussé l'Europe dans cette voie, avait été les croisades; vers la même époque, avait commencé à grandir l'institution qui avait le plus contribué à former notre société, c'est-à-dire la royauté.

Les tentatives pour coordonner les anciens éléments sociaux sans abolir leur variété, avaient tenu une place importante dans l'histoire de l'Europe. Guizot passe en revue ces essais d'organisation politique : le projet de Grégoire VII de soumettre l'Europe à une vaste et régulière théocratie, les Républiques italiennes du XIe au XVIe siècle, les tentatives républicaines de Suisse, les communes des Flandres, la constitution mixte et intermittente de nos États généraux, les Cortès d'Espagne, enfin le Parlement d'Angleterre. Il explique comment, le XIVe siècle expiré, et après l'insuccès des tentatives d'organisation politique, l'Europe entra, comme par instinct, dans les voies de la centralisation. C'est le caractère du XVe siècle d'avoir tendu à ce résultat, d'avoir travaillé à créer des intérêts généraux; partout, la plus large part de la destinée des peuples se trouve abandonnée à la prérogative royale, au milieu de la fermentation de l'esprit humain, de l'antiquité grecque et romaine restaurée, tandis que la poudre, la boussole, l'imprimerie sont inventées, et que les grandes découvertes maritimes ont lieu. C'est la préparation à la puissante révolution du XVIe siècle.

On suit la trame du récit et l'enchaînement des effets et des causes. Pour l'école dont Guizot est le chef, ces faits généraux sont la portion immortelle de l'histoire, celle à laquelle toutes les générations ont besoin d'assister pour comprendre le passé et se comprendre elles-mêmes.

On attendait le protestant à son jugement sur la Réforme et sur son rôle dans la civilisation européenne. Guizot n'a pas faibli. La Réforme a été un grand élan de liberté de l'esprit humain, un besoin nouveau de penser, de juger librement avec ses seules forces les faits et les idées que l'Europe, jusque-là, recevait des mains de l'autorité. Partout où elle a pénétré, victorieuse ou vaincue, elle a eu pour résultat un immense progrès vers l'émancipation de l'esprit humain, tout en s'accommodant aux différents régimes politiques.

Les conséquences de la Réforme ont dépassé ses vues ; ce qu'elle a amené, elle ne l'a pas connu. Elle n'était pas allée jusqu'à l'extrême de son principe ; de là, un certain air d'inconséquence et d'esprit étroit qui souvent a donné prise sur elle à ses adversaires. Et cette admirable leçon s'achève sur la similitude des destinées entre la société civile et la société religieuse dans les révolutions qu'elles ont eu à subir.

Libre examen et centralisation du pouvoir, tels sont les résultats essentiels auxquels avaient abouti dans le cours du XVIe siècle toutes les phases de l'ancienne société européenne. Il était difficile qu'une lutte ne s'engageât pas un jour entre ces deux faits, quelque peu contradictoires : l'un était la défaite du pouvoir absolu dans l'ordre spirituel ; l'autre, sa victoire dans l'ordre temporel ; l'un, préparant la décadence de l'ancienne monarchie ecclésiastique ; l'autre, consommant la ruine des anciennes libertés féodales et communales. Guizot ne dissimule pas que, si l'Angleterre a atteint le but plus vite qu'aucun des États du continent, c'est que, chez elle, les divers éléments de la société, l'ordre religieux et l'ordre civil, la monarchie, l'aristocratie et la démocratie, s'étaient développés, non pas successivement, mais ensemble et de front. C'est à d'assez longs intervalles, au contraire, que les développements de la monarchie pure et du libre examen se sont accomplis sur le continent, où les deux puissances devaient en venir aux mains. En attendant, l'influence de la France se présente, dans les XVIIe et XVIIIe siècles, sous des aspects très différents. Dans le premier cas, c'est son gouvernement royal qui marche à la tête de la civilisation générale. Dans le second cas, c'est à la société française qu'appartient la prépondérance.

Qu'on ne croie pas que ces leçons soient enfermées dans les limites étroites d'une simple nomenclature de faits et de documents; l'historien nous donne un exposé brillant des événements importants qui ont exercé une action marquée sur les destinées de l'Europe.

Tel est ce beau livre, d'une narration lucide, d'une méthode rigoureuse, œuvre d'un savant et d'un observateur qui juge les hommes et les choses avec une raison calme et haute, mais non sans animation et sans ardeur. Dans ces déductions, si bien liées entre elles qu'il n'y a pas de fissures, dans ces esquisses dessinées d'un trait si ferme qu'elles sont vivantes, on reconnaît non seulement la pensée souveraine, mais aussi l'habileté d'un maître. Certes, depuis, bien des détails ont été fouillés; mais la large fresque de Guizot est restée intacte, malgré les années, tant l'esprit qui avait présidé à sa conception était supérieur et dominait les passions ou les préjugés, tant l'intelligence des choses générales et des principes historiques était claire et puissante.

Mais le professeur n'est qu'un des côtés de Guizot historien. On eût été étonné qu'il n'eût pas consacré à l'histoire de la Révolution d'Angleterre une partie de sa vie laborieuse et si bien remplie. Ce n'était pas seulement, chez lui, une sorte d'attrait intellectuel, c'était aussi, au fond de sa pensée, un exemple qu'il voulait mettre sous les yeux de la Bourgeoisie française.

V

Avant d'écrire l'*Histoire de la Révolution d'Angleterre*, il en avait, pour ainsi dire, donné les pièces justificatives. Les principaux mémoires originaux relatifs à ce grand événement, réunis par lui en collection et traduits sous ses yeux, avaient paru en 1825. Guizot y avait joint des notices, des essais de biographie. C'était déjà une histoire intime et anecdotique.

Le peintre avait tout vu. Il parlait de Ludlow, de Fairfax, de Lilburne, presque en homme qui a vécu de leur temps, qui, tous les jours, les entend discourir, qui sait leurs passions et a scruté leurs pensées. De telle sorte qu'il n'avait plus besoin de longues préparations et qu'il connaissait tous les matériaux, lorsqu'il éleva le premier étage de son édifice.

Trois parties presque égales constituent en effet l'*Histoire de la Révolution d'Angleterre.*

Guizot avait en 1826 publié l'histoire du règne de Charles Ier, objet de la première période.

A ses yeux, loin d'avoir rompu le cours naturel des événements, ni la Révolution d'Angleterre, ni la nôtre n'ont rien dit, rien voulu, rien fait, qui n'eût été dit, souhaité, fait ou tenté cent fois avant leur explosion. Guizot ne pense pas qu'on s'obstine longtemps à les condamner, parce qu'elles sont chargées d'erreurs, de malheurs et de crimes. « Il faut en ceci, dit-il, tout accorder à leurs adversaires, les surpasser même en sévérité, ne regarder à leurs accusations que pour y ajouter, s'ils en oublient; et puis les sommer de dresser, à leur tour, le compte des erreurs, des crimes et des maux de ces temps et de ces pouvoirs qu'ils ont pris sous leur garde. Je doute qu'ils acceptent le marché. » Certes Guizot se refuse à considérer les deux révolutions comme absolument semblables : l'une plus politique que sociale, l'autre ayant voulu changer tout ensemble la société et le gouvernement; l'une ayant recherché la liberté; l'autre, l'égalité; l'une, religieuse, ayant substitué un dogme à un dogme, une Église à une Église; l'autre, philosophique, ayant proclamé la pleine indépendance de la raison. Mais Guizot n'était pas homme à se contenter de cette comparaison qui ne lui paraît pas sans vérité, mais trop ingénieuse et presque superficielle. La Révolution d'Angleterre, par les mêmes causes qui la firent éclater plus d'un siècle avant la nôtre, a gardé de l'ancien état social une plus forte empreinte. Des institutions libres, nées du sein de la barbarie, avaient survécu même au despotisme qu'elles n'avaient pu prévenir. L'aristocratie féodale, une partie du moins, avait uni sa cause à celle du peuple. Dans les lois, les croyances, les mœurs, la Révolution d'Angleterre trouvait son œuvre à moitié accomplie, aussi offrit-elle un bizarre mélange des éléments en apparence les plus contraires, placée entre l'ancien et le nouvel état social, plutôt comme un pont pour passer de l'un à l'autre, que comme un abîme pour les séparer. La plus terrible unité, au contraire, a régné dans la Révolution française ; l'esprit nouveau y a dominé seul. De là l'immensité des résultats de la Révolution française et aussi de ses égarements ; elle a possédé le pouvoir absolu.

« Et cependant, suscitées par les mêmes causes, par la décadence de l'aristocratie féodale, de l'Église et de la royauté, les deux révolutions ont travaillé à la même œuvre, à la domination du pays dans les affaires publiques. Celle-ci a été plus sage, celle-là plus puissante ; mais les moyens et le succès ont varié seuls ; la tendance était la même, comme l'origine. Telle est enfin l'analogie des deux Révolutions, que la première n'eût jamais été comprise si la seconde n'eût éclaté. »

C'est avec cette vigueur et cette sagacité, que Guizot entre dans son sujet.

Il montre dès l'avènement de Charles Ier (27

mars 1625) que la force revenait aux Communes par le progrès de leur grandeur matérielle. Pour que leur volonté ne se fît pas longtemps attendre, il suffisait d'y ajouter la grandeur morale qui devait enhardir leur ambition, élever leurs pensées, leur faire de la résistance un devoir. La Réforme religieuse eut cette vertu. Guizot explique que, plus étrangères et en même temps plus exposées aux coups du pouvoir, les communes anglaises changèrent, dans leurs relations avec la royauté, d'attitude et de résolutions. De jour en jour, leur timidité disparut.

« Les regards du bourgeois, du franc-tenancier, du paysan même, se portèrent bien au-dessus de sa condition. Il était chrétien. Il sondait hardiment, dans sa maison, avec ses amis, les mystères de la puissance divine; quelle puissance terrestre était si haute qu'il dût s'abstenir de la considérer! Il lisait dans les livres saints la loi de Dieu; pour leur obéir, il était forcé de résister à d'autres lois. »

Quand Charles Ier convoqua le Parlement, ils se rapprochèrent avec le dessein et l'espoir sincère de s'unir; mais au fond leur désunion était déjà consommée. L'un et l'autre pensaient en souverain.

Guizot excelle dans cet art magistral de classer les idées, mais si dans ses *Essais* ou dans l'*Histoire de la civilisation*, c'est le goût des spéculations générales, la profondeur et la gravité des maximes qui l'emportent, on sent que dans la *Révolution d'Angleterre*, aux qualités qui permettent de dominer le sujet vient se joindre l'autorité que donne, pour aborder une pareille histoire, l'expérience de l'homme d'État. Personne ne pouvait mieux dire en parlant du roi Charles : *Les Princes héritent des fautes, comme du trône de leurs devanciers.*

Il fallait aussi être un moraliste pour faire comprendre avec quelle patience agit le peuple anglais, avant de lever l'étendard de la révolution. Pendant onze ans, le roi et l'Église avaient proclamé la souveraineté absolue, indépendante du droit divin. Ils avaient tout tenté pour la faire subir ou accepter à la nation. Hors d'état d'y réussir, ils venaient, dans leur impuissance, demander secours à une assemblée qui, sans l'ériger d'abord en principe, croyait aussi à sa souveraineté et se sentait capable de l'exercer.

Après l'exécution de Strafford, la réforme politique, telle du moins qu'on l'avait, au début, souhaitée et conçue, semblait accomplie; mais que servait de l'avoir écrite dans des statuts, si la garde en était confiée à ses ennemis? La lutte religieuse, en même temps, s'engageait de plus en plus; les sectaires s'enhardissaient, l'Église était chaque jour plus ébranlée. Alors commence avec le Long Parlement une lutte jusque-là sans exemple en Europe. Guizot n'hésite pas, il est avec Hampden, avec Pym; il salue la lutte comme un glorieux symptôme de la Révolution qui commençait et devait faire le tour du monde. Son âme grave se recueille et ne se trouble pas; de même que ces héros de la guerre civile qui, au moment de tirer l'épée, s'étonnèrent et s'émurent, non que leur cœur fût timide, ni que la résistance armée eût, aux yeux du Parlement et même du peuple anglais, rien d'étrange et de criminel; tous la lisaient avec orgueil dans l'histoire de la grande charte; toutefois « c'était toujours au nom des lois, au nom des droits certains et avoués, que la résistance s'était déclarée! En conquérant la liberté, l'Angleterre avait toujours cru défendre son héritage, et aux seuls mots de loi et d'ordre légal s'attachait le respect populaire. Les deux partis sentaient le besoin de couvrir du manteau légal leurs prétentions et leurs actes. » C'est la réserve que Guizot tenait à faire.

On sait quelle action soudaine prirent les sectes religieuses pour saisir le pouvoir. Aucun historien n'a mieux compris que Guizot l'âme de ces Indépendants, de ces Brownistes, de ces Anabaptistes. Comment, à sa première apparition, le principe de la liberté proclamé par des sectaires obscurs, au milieu des égarements d'un aveugle enthousiasme, fut-il traité de crime et de folie, et comment eux-mêmes semblaient-ils le soutenir sans le comprendre? Guizot l'explique et il en déduit la formation du libéralisme anglais; il sortit du travail religieux des esprits. Toutes les questions prirent dès lors un tour nouveau. Institutions, lois, coutumes, tout fut sommé de se régler sur le raisonnement ou la volonté de l'homme; tout paraissait légitime dans ce hardi travail, sur la foi d'un principe ou même d'une simple extase.

Si le côté anecdotique est parfois sacrifié aux idées, les portraits des personnages sont dessinés d'un trait vigoureux et mis en relief : Charles Ier incurable dans sa duplicité, parce qu'envers des sujets rebelles il ne se croyait tenu par aucune parole d'honneur; Pym, ferme, patient, adroit, indifférent au travail, aux dégoûts, comme à la fortune et à la gloire, plaçant dans le succès de son parti toute son ambition. Quant à Cromwell, Guizot le suit dans toutes les complexités et dans toutes les souplesses de sa nature; il ne fait pas un seul portrait, il en fait d'aussi variés que cet étrange et grand personnage, étranger aux aveugles présomptions de son parti, dévoré d'ambition et d'incertitudes, ne voulant rompre, ni s'engager sans retour avec les combinaisons les plus diverses.

S'agit-il du récit des faits importants, Guizot les raconte avec une netteté et une sobriété qui excluent toute enluminure, toute image, toute épithète inutile. L'exécution de Strafford, le procès et la mort du roi Charles sont retracés avec une précision de langage qui en grave à jamais le spectacle dans la mémoire.

Le succès des deux premiers volumes avait été considérable.

Guizot n'avait jamais abandonné le projet de continuer son œuvre. Il y revenait toujours dans l'intervalle de ses courts repos parlementaires; il y revint même pendant son ambassade à Londres; aussi sa première pensée, durant son exil, fut d'achever l'*Histoire de la Révolution d'Angleterre*. Dans une longue préface qui parut sous forme de discours, il se demandait pourquoi cette révolution avait réussi. Il avait à cœur de démontrer quelles causes avaient donné à la monarchie constitutionnelle en Angleterre et à la république dans l'Amérique anglaise le solide succès que la France et l'Europe poursuivaient encore à travers de mystérieuses épreuves.

Tout son raisonnement est enfermé dans ces quelques lignes : « En Allemagne, au XVIe siècle, la Révolution a été religieuse et point politique; en France, au XVIIIe siècle, elle a été politique et point religieuse. Ce fut, au XVIIe siècle, la fortune de l'Angleterre que l'esprit de foi religieuse et l'esprit de liberté politique y régnaient ensemble et qu'elle entreprit en même temps les deux révolutions. Toutes les grandes passions de la nature humaine se déployèrent ainsi sans qu'elle brisât tous ses freins; et les espérances, comme les ambitions de l'éternité, restèrent aux hommes quand ils crurent que leurs ambitions et leurs espérances de la terre étaient déçues.... Qu'il s'agisse d'une monarchie ou d'une république, d'une société aristocratique ou démocratique, la même lumière brille dans les faits. Le succès définitif ne s'obtient qu'au nom des mêmes principes et par les mêmes voies : l'esprit révolutionnaire est fatal aux grandeurs qu'il élève, comme à celles qu'il renverse. La politique qui renverse les États est aussi la seule qui termine et fonde les révolutions. » C'est avec ces idées pour guide, que Guizot aborde la suite de l'*Histoire de la Révolution d'Angleterre*. Son âme, plus religieuse encore après la révolution de 1848, le porte de plus en plus vers l'intervention de la Providence dans les affaires humaines.

Vingt-huit années s'étaient écoulées depuis que les deux premiers volumes de l'*Histoire de la Révolution d'Angleterre* avaient paru ; et quelles années !

Ceux qui auraient pu croire que l'unité de l'ouvrage ne fût rompue et qu'un travail si longtemps suspendu, repris à si long intervalle, et en des temps si opposés, ne se ressentît de la contrariété des circonstances, se trompaient. Il n'y avait pas de dissonance; le talent seul avait grandi. Le caractère moral que Guizot imprime à ses récits, l'esprit qu'il porte dans la composition n'avaient rien perdu. C'était le même ordre, le même enchaînement dans les faits; la forme s'était heureusement modifiée : le manque de souplesse et de variété s'était atténué, le retour des mots abstraits était moins fréquent; le mouvement, le relief s'étaient accusés, sans verser jamais dans la déclamation et l'abus des images. Les longues années de luttes à la tribune avaient donné au style plus de correction et plus de véhémence; enfin il y avait toujours chez Guizot, malgré les années plus lourdes, la flamme intérieure qui brûlait et ne s'égarait pas.

Si Charles Stuart a été le héros des tomes I et II, Olivier Cromwell est celui des tomes III et IV. Il en remplit chaque page ; on le rencontre, on le voit partout, et comme ce n'était pas un homme à idées simples, mais incohérent et obscur dans ses paroles, tantôt par entraînement, tantôt à dessein, en même temps qu'une ferme et judicieuse intelligence, Guizot le fait revivre dans ses contradictions. On a devant soi un être réel, qui marche, agit, palpite, parle sous nos yeux ; et les personnages qui approchent et entourent Cromwell, Henri Vane, Witelock, Ireton, Harrison, Bradshaw, restent aussi dans l'esprit, tant les traits qui représentent leur image sont nets et arrêtés.

La scène qu'ils occupent est grave et sévère. Leur victoire est complète ; les républicains sont en pleine possession du pouvoir ; ils ont mis hors de toute activité politique la haute aristocratie et la démocratie radicale de leur temps : les Cavaliers et les Niveleurs. Guizot fait justement observer que leurs angoisses intérieures les tourmentaient déjà plus que n'eussent pu faire tous leurs ennemis. Ils voyaient s'élever au milieu d'eux un vainqueur et un maître dont ils ne savaient ni comment se défendre, ni comment se passer. La République à peine née sentait déjà Cromwell au-dessus d'elle.

Toutes les péripéties du duel qui s'engage entre lui et le Parlement sont étudiées par un maître. C'est surtout dans l'examen des rapports de la France et de l'Espagne avec le Protecteur que s'exerce la sagacité supérieure de l'historien ; bien plus peut-être au XVIIe siècle que de nos jours, les politiques s'inquiétaient peu que leurs actes fussent en accord avec leurs sentiments véritables et leurs paroles intimes; autant le public sur le continent laissait éclater envers les républicains, juges de Charles Ier, son mauvais vouloir, autant les gouvernements, par calcul ou par crainte, se montraient indifférents ou réservés. Grâce à sa politique extérieure, Cromwell était devenu puissant en Europe; et sa grandeur n'était pas contestée sur le continent, comme en Angleterre, parce qu'au dehors elle se fondait sur la force habile et heureuse.

Les nombreuses pièces diplomatiques inédites que donne Guizot, éclairent d'un jour nouveau le rôle du Protecteur. Tout en faisant ressortir le caractère de ses traités avec la Hollande, avec le Portugal, avec le Danemark et particulièrement avec la Suède, c'est toujours aux négociations avec Paris et Madrid qu'il revient de préférence. L'ancien Ministre des affaires étrangères avait appris à suivre dans ses détails un jeu si délié et à mettre en scène avec autant de finesse que de clarté les deux premières diplomaties du monde, l'espagnole et la française.

C'étaient ces parties de l'histoire qui étaient presque inconnues. Les imaginations qui recherchent avant tout, dans ce drame, les aventures du jeune Charles II, couronné roi par un parti qu'il déteste, pendant sa triste expédition d'Écosse, ne seront pourtant pas déçues. Guizot a mis un art suprême à rajeunir ces détails si connus, et à être rapide en ne supprimant aucun fait, de la même façon qu'il peint avec fidélité des tableaux de marine, en retraçant les luttes acharnées des flottes anglaise et hollandaise.

En face de ces triomphes extérieurs, Guizot oppose les mécomptes.

Au milieu de sa puissance et de sa gloire, Cromwell sentait en effet que sa situation était violente, et il aspirait à la changer. Après avoir, pendant dix-huit mois, gouverné seul et arbitrairement, il vit qu'avec les mœurs de la vieille Angleterre, un pouvoir sans contrôle n'était qu'une crise temporaire, et il crut qu'après tant de succès, le jour était venu de fonder un ordre légal et durable. Là commença son impuissance, et cette impuissance faisait son supplice. Être roi? Il ne croyait pas pouvoir le devenir, sans l'aveu des principaux de ses compagnons ; mais il a beau sonder le terrain, ses peines sont perdues ; il a beau convoquer le Parlement à son usage : l'un et l'autre étaient convaincus que la royauté seule pouvait donner au gouvernement un caractère régulier et stable ; et ce Parlement lui échappe. Aussi, comme dit Guizot, Cromwell mourut triste. « Les croyances chrétiennes étaient restées au fond de cette âme chargée de mensonges et d'attentats. Quand vint l'épreuve suprême, elles reparurent, et l'enthousiasme religieux de Cromwell prit le dessus sur son hypocrisie. »

Ce beau livre s'imposait à l'admiration de l'Angleterre.

Les deux volumes qui suivirent, sous le titre de

Richard Cromwell et du *Rétablissement des Stuarts*, étaient peut-être encore supérieurs aux premiers; mais le sujet était d'un tout autre ordre, moins élevé, moins émouvant. C'était de la tragi-comédie politique.

Au premier abord on s'étonne que ces vingt et un mois d'interrègne (3 septembre 1658-29 mai 1660), si confus chez tous les historiens, tiennent une si large place dans une œuvre dont un des mérites est le nerf et la concision. Bien loin de manquer de matière, l'auteur a su élaguer et choisir. Des pièces récemment découvertes, des documents encore inexplorés, ont comme transformé cette curieuse époque. Parmi ces documents, il en est qui appartiennent à l'Angleterre, comme le journal de Burton; mais ce qui donne aux événements que raconte Guizot cette importance inattendue, ce sont des informations d'un autre ordre et qui viennent de France : nous voulons parler de la correspondance de l'agent très actif que Mazarin avait à Londres, M. de Bordeaux. Ces dépêches conservées à nos archives des affaires étrangères et annexées au livre de Guizot forment elles-mêmes presque un volume, grâce au lucide commentaire dont elles sont accompagnées.

Il était difficile de coordonner cette cohue de faits et de personnages se distinguant à peine les uns des autres et de continuer au récit cette unité d'intérêt sans laquelle il n'y a pas d'œuvre d'art; c'est ce qu'a fait Guizot. Il a divisé son drame en quatre actes. Le premier est réservé à Richard Cromwell; il contient toute son histoire, de son avènement à sa chute; le second acte est rempli par une aventure encore plus éphémère : le Long Parlement ressuscité, vieux, décrépit, inutile; mais cette poignée d'hommes était courageuse et sincère. Ces vieux républicains rentrèrent au pouvoir, comme dans leur droit, et ils l'exercèrent avec une fidélité et une vigueur qui les honorent.

« La république, dit Guizot à propos de ces hommes de fer, la république, quand elle est chez un peuple le résultat naturel et vrai de son état social, de ses idées, de ses mœurs, est un gouvernement digne de sympathie et de respect, qui a ses vices théoriques et pratiques, comme tous les établissements humains, mais qui honore et sert l'humanité, car il la provoque à déployer ses grandes forces morales, et il peut la porter à un très haut degré d'activité, de vertu, de prospérité et de gloire. »

L'armée avait rappelé le Long Parlement, croyant qu'il était mort; dès qu'il donna signe de vie, l'armée le mit à la porte.

Avec le troisième acte, un nouvel acteur paraît : Monk prend en main la cause du Long Parlement et nous passons avec lui d'Écosse en Angleterre. Toujours et avec tous également taciturne, il ne répondait pas aux questions, mais il laissait arriver, parler et repartir les messages des royalistes. Au quatrième acte, l'action touche à son terme. Ce n'était pas la vénalité de quelques chefs, mais la disposition générale de la nation, éclairée et lassée par ses propres fautes, qui la ramenait vers Charles II. Monk démasque enfin ses batteries et les Stuarts rentrent en Angleterre, sans conditions.

Tout est en pleine lumière dans ce récit. Vingt ans avant de publier son histoire, Guizot, dans une belle étude, avait esquissé la figure de Monk; dans ce dernier volume, il la donne agrandie et retouchée; il nous fait pénétrer dans le caractère du personnage, et dans ce rôle, prodige de patience et d'audace, d'un homme qui avait ourdi et tramé seul une conspiration.

L'historien décrit comme un témoin le triomphant retour du monarque exilé; mais au milieu des cris de joie et des vivats, il voit distinctement deux camps se former déjà, ennemis ardents et destinés à rengager d'abord obscurément, puis avec éclat, la guerre qui semblait finie : la cour et les puritains! voilà les deux bannières qui apparaissaient aux deux extrémités de l'arène politique! Guizot clôt son histoire qu'il ne put mener jusqu'à la chute de Jacques II, par ces mots : « L'empire de la religion protestante et l'influence décisive du pays dans son gouvernement, c'était le but que l'Angleterre révolutionnaire avait poursuivi; tout en maudissant la révolution qu'elle appelait la rébellion, l'Angleterre royaliste s'apprêtait à le poursuivre encore, et à ne se reposer qu'après l'avoir atteint. »

Telle est cette œuvre, simple et grave sans raideur, avec des réflexions courtes et toujours à leur place, écrite, dans les derniers volumes surtout, avec une mâle élégance. La littérature française, dans ce siècle si fécond, ne compte pas un livre d'histoire d'une ordonnance et d'une composition plus achevées. N'étant engagé dans aucun des partis qui se sont partagé l'influence en Angleterre, n'apportant dans ses appréciations ni les passions, ni les préventions d'un whig ou d'un tory, Guizot a plané avec une haute impartialité sur les documents. Mais nous ne connaîtrions pas l'historien sous toutes ses faces, si nous négligions les *Mémoires pour servir à l'histoire de mon temps.*

VI

Il ne s'agit ni de révélations scandaleuses, ni de secrets diplomatiques dévoilés, ni de mystérieuses confidences, les *Mémoires* de Guizot sont des annales politiques. Non pas qu'il ne s'y rencontre des anecdoctes personnelles, des incidents biographiques, des portraits très fouillés, et une étude fine et pénétrante de la société française au XVIIIe siècle, qui font des premiers volumes une lecture attachante et variée, mais, avant tout, Guizot a voulu donner les motifs de ses actes politiques et les expliquer en complétant ses déclarations à la tribune. Ces *Mémoires* sont, en même temps, l'apologie du parti qu'il a servi et dont il a été le chef; ou plutôt c'est sa théorie du gouvernement de Juillet lui-même; et, comme la monarchie de 1830 a été la représentation de la haute bourgeoisie, de ses aspirations comme de ses intérêts, les *Mémoires* de Guizot sont donc, à la fois, une défense contre les attaques dont la classe moyenne a été l'objet, et une justification de la résistance qu'elle crut devoir obstinément opposer aux revendications démocratiques.

Ainsi compris, ce livre est un document de premier ordre. Si, comme l'a écrit un éloquent et ingénieux critique, chaque système politique est un grand parti pris qu'il faut juger, non comme représentant la vérité et le droit absolus, mais comme tenant une place plus ou moins élevée dans l'ordre moral, les confessions de Guizot sont une des parties considérables de son œuvre. Ces *Mémoires* sont impersonnels, c'est ce qui fait leur originalité. Pourquoi faut-il que des lacunes graves s'y rencontrent? Sur le mouvement des idées, en littérature, en art, en philosophie, sur les questions économiques ou sociales qui prirent un rôle si prépondérant pendant le règne de Louis-Philippe, il n'y a pas d'aperçus, à peine une mention se glisse-t-elle; de telle sorte que celui qui ne connaîtrait que ces *Mémoires* ne pourrait se rendre compte ni de l'état des esprits, ni des événements qui s'accomplirent, ni des problèmes qui se posèrent aussi bien dans le domaine moral que dans les régions commerciales ou industrielles.

Ce n'était chez Guizot ni impuissance, ni désir d'éviter les controverses; il était apte à tout comprendre. On peut le croire lorsqu'il écrit à la première page de ses *Mémoires* que l'âge et la retraite avaient répandu leur paix sur le passé, et qu'en sondant attentivement son âme, il n'y découvrait aucun sentiment qui envenimât ses souvenirs. Mais ce fut le grand tort de cette noble intelligence tout entière absorbée, durant dix-huit ans, par la vie parlementaire (sauf quelques instants de repos consacrés en 1837 et 1838 à une étude sur Washington, sauf aussi son ambassade à Londres), ce fut son grand tort de ne pas jeter les yeux en dehors de ce qu'on appelait le pays légal. Ce qu'il a à cœur de dire, c'est ce qu'il a pensé, senti et voulu en prêtant son concours aux affaires du pays, et aussi ce qu'auraient pensé, senti et voulu les amis politiques auxquels il avait été associé, en un mot « la vie de leurs âmes dans leurs actions ».

Ce n'est pas non plus un livre de réaction. Guizot était de ceux que l'élan de 89 avait soulevés et qui n'auraient jamais consenti à descendre. Né bourgeois et protestant, il était profondément dévoué à la liberté de conscience, à l'égalité devant la loi, à toutes les principales conquêtes de notre ordre social. Jeune, il avait vécu sous l'Empire dans la société de l'opposition, au milieu des débris du monde philosophique et de l'aristocratie libérale du siècle dernier, presque dans l'intimité des survivants de ces salons qui, malgré les mécomptes de la Révolution, n'avaient abjuré ni leurs idées, ni leurs espérances. Élevé à Genève, dans des croyances religieuses, si Guizot était opposé aux doctrines et aux habitudes de l'école de Voltaire, il lui appartenait par le souffle libéral et par le sentiment de la dignité humaine. C'est ce qui explique cette équité, cette bienveillance facile aux intelligences vraiment supérieures, qui ne peuvent avoir de jalousie en se comparant au fond d'elles-mêmes.

Ses opinions politiques sont celles des doctrinaires, celles du parti constitutionnel qui, depuis l'ordonnance du 5 septembre jusqu'à l'assassinat du duc de Berry, se maintint au pouvoir. Quand Guizot est éliminé du Conseil d'État et qu'il entre dans l'opposition, les pamphlets qu'il publie et qui sont restés célèbres sont une défense de la société nouvelle, telle que la Révolution l'a faite, mais avec les classes moyennes pour élément fondamental. Il reconnaît que les doctrinaires et lui avaient l'esprit plein de la révolution de 1688 et du gouvernement libre qu'elle a fondé. Il ressentait l'ambition et l'espérance d'accomplir en France une œuvre semblable, d'y assurer la grandeur avec la liberté, et de se grandir lui-même dans la poursuite de ce dessein. Mais notre pays a-t-il jamais eu de vrais partis politiques? Les grands intérêts et les grands principes s'y sont-ils régulièrement groupés et disciplinés sous la direction d'un *leader* accepté et ayant pour but de conquérir la prépondérance dans le gouvernement? Avec Guizot, nous ne le croyons pas; et, dès 1835, la difficulté d'aboutir à des ministères durables était une préoccupation. Ses *Mémoires* sont un dernier effort pour établir qu'il était presque arrivé à ce résultat; mais il avoue que les classes moyennes n'ont pas suffi à soutenir et à fonder le trône qu'elles avaient élevé; elles étaient trop exclusivement dominées par les intérêts pour devenir une classe politique. Douloureux problème qui ne se posait pas seulement il y a cinquante ans, et qui est à résoudre encore!

Les *Mémoires* nous éclairent aussi sur la manière dont Guizot comprit les journées de Juillet.

Avec sa connaissance des hommes, Louis-Philippe avait démêlé, dès le lendemain, dans son premier Ministre de l'intérieur, que sa façon de présenter la révolution de 1830 était la plus monarchique et la plus propre peut-être à lui concilier la vieille Europe; Guizot avait en effet sur l'origine des droits du roi une opinion particulière et qui n'était pas celle de tous les amis de la dynastie. En rompant violemment avec la branche aînée pour en appeler à la branche cadette, Guizot « ne choisissait pas un roi; il traitait avec un prince qu'il trouvait à côté du trône, et qui pouvait seul, à ses yeux, garantir le droit public et arrêter la révolution ». L'appel au suffrage populaire, conseillé par quelques-uns, eût donné à ce que Guizot appelle « la monarchie réformée », le caractère qu'il avait à cœur d'en écarter. Il ne voulait pas mettre l'élection à la place de la nécessité et du contrat.

Telles étaient les tendances d'esprit de Guizot, et, mettant en pratique ses doctrines, il leur donna pour consécration la politique de résistance, celle de Casimir Perier.

Ses *Mémoires* jettent une vive lumière sur les faits les plus importants de la monarchie constitutionnelle pendant dix-huit ans. Tous les volumes ne présentent pas le même intérêt, mais tous sont curieux à consulter. Le troisième, consacré à son ministère de l'instruction publique, est admirable, plein d'idées neuves et élevées. C'est dans ces pages animées d'un souffle généreux que nous lisons ces lignes qui devraient servir de préambule à sa célèbre loi sur l'instruction primaire : « Parce que j'ai combattu les théories démocratiques et résisté aux passions populaires, on a dit souvent que je n'aimais pas le peuple, que je n'avais pas de sympathie pour ses misères, ses instincts, ses besoins, ses désirs. Il y a dans la vie publique, comme dans la vie privée, des amours de plus d'une sorte. J'aime le peuple avec un dévouement profond, mais libre et un peu inquiet; je veux le servir, mais pas plus m'asservir à lui que me servir de lui pour d'autres intérêts que les siens; je le respecte en l'aimant, et parce que je le respecte, je ne me permets ni de le tromper, ni de l'aider à se tromper lui-même. J'ai cru que le peuple avait droit et besoin de devenir capable et digne d'être libre, c'est-à-dire d'exercer sur ses destinées privées et publiques la part d'influence que les lois de Dieu accordent à l'homme dans la vie et la société humaines. C'est pourquoi, tout en ressentant pour les détresses matérielles du peuple une profonde sympathie, j'ai surtout été préoccupé et touché de ses détresses morales, tenant pour certain que plus il se guérirait de celles-ci, plus il lutterait efficacement contre celles-là, et que pour améliorer la condition des hommes, c'est d'abord leur âme qu'il faut épurer, affermir et éclairer. »

Il n'y a pas de langage plus digne des méditations d'un homme d'État. Guizot explique, avec non moins de pénétration, pourquoi au fur et à mesure qu'on s'éloignait de 1830, le cercle déjà fort étroit des conseillers de la royauté constitutionnelle se rétrécissait. On le vit bien à partir du ministère du 22 février 1836; et la coalition ne fit qu'accuser la dislocation du parti gouvernemental.

Cette bourgeoisie dont Guizot voulait être le chef et qui était à ses yeux la représentation vraie et fidèle des intérêts généraux de la société telle que la Révolution de 89 l'avait faite, cette bourgeoisie qu'il défendait à la tribune de 1837, il la défend encore dans ses *Mémoires*, mais sans trop d'illusion : « J'aurais quelque droit, écrit-il, de parler des faiblesses de la classe moyenne, car j'en ai, plus que personne peut-être, ressenti les inconvénients et porté le poids. La grandeur de la pensée et la fermeté de l'expérience lui ont quelquefois manqué; elle n'a pas su tantôt assez entreprendre, tantôt assez persévérer. » Guizot reconnaît cependant qu'il la troubla profondément et la déconcerta par son rôle passionné dans la coalition; ces bourgeois sensés et honnêtes, si pleins de leur intérêt, ne comprenaient pas ces querelles d'ambition et ces jalousies de personnes. Ils furent sévères dans leurs appréciations.

A partir de 1840, les affaires étrangères deviennent le domaine de Guizot; et les chapitres les plus importants des trois derniers volumes sont consacrés à l'exposé des négociations qui, pendant près de huit années, occupèrent la politique extérieure de la France, politique toute de paix, ennemie des aventures, mais non sans dignité.

Le chapitre relatif aux affaires d'Orient, celui consacré au droit de visite, les chapitres concernant les Jésuites, la cour de Rome et Pie IX, enfin le chapitre qui raconte les péripéties du mariage espagnol, sont des modèles. La méthode historique de Guizot s'y retrouve avec la clarté de l'exposition, l'enchaînement des faits, l'appropriation parfaite des citations au corps du récit; ajoutons-y la convenance et la simplicité de la forme. L'écrivain écarte toute polémique rétrospective et présente constamment les hommes, adversaires ou amis, sous leur meilleur jour. La longue et laborieuse expérience de la vie politique lui avait enseigné non pas le doute mais l'équité. « Je dis l'équité, a-t-il dit, non pas la modération, mot banal, ni l'indulgence, mot impertinent, qui n'exprimeraient pas ma pensée. »

L'austérité du sujet s'adoucit çà et là dans des

pages qui reposent l'esprit et font mieux connaître l'homme privé. Bien qu'il n'ait nul penchant à entretenir le public de sa vie de famille, et que plus ses sentiments intimes étaient puissants et doux, moins il aimât à les montrer au public, Guizot a cependant laissé passer dans ses *Mémoires* un peu de son cœur, simple et droit, passionné et bon.

Pascal eût pu signer ces quelques lignes : « Les longs regrets m'inspirent pour les âmes qui les ressentent une profonde et sympathique estime. La promptitude de l'oubli me pénètre de compassion pour ceux qui ont passé si vite des cœurs où ils croyaient tenir tant de place. » « J'ai besoin que mes joies soient d'accord avec mes plus sérieux instincts, qu'elles m'inspirent le sentiment de la grandeur et de la durée; je ne me désaltère réellement qu'à des sources profondes. » Aussi Guizot s'est-il toujours acquitté de ses dettes de cœur envers les morts qui avaient tenu dans sa vie une place, même quand cette place était très inégale. Il est considérable le nombre des portraits qu'il a tracés, tous portant la marque d'une observation aussi délicate que morale, et d'une finesse de touche qu'on n'aurait pas attendue d'un maître aussi sévère.

A-t-on mieux peint Royer-Collard? « C'était un homme non pas de l'ancien régime, mais de l'ancien temps que la Révolution avait développé sans le dominer et qui la jugeait avec une sévère indépendance, principes, actes et personnes, sans déserter sa cause primitive et nationale. Esprit admirablement libre et élevé, avec un ferme bon sens, plus original qu'inventif, plus profond qu'étendu, plus capable de mener bien une idée que d'en combiner plusieurs, trop préoccupé de lui-même, mais singulièrement puissant sur les autres par la gravité impérieuse de sa raison et par son habileté à répandre, avec des formes un peu solennelles, l'éclat imprévu d'une imagination forte, excitée par des impressions très vives. Restaurer l'âme dans l'homme et le droit dans le gouvernement, telle était, dans sa modeste vie, sa grande pensée. »

A-t-on jamais mieux analysé l'âme et le caractère de Talleyrand et d'une manière plus large ? « Homme de cour et de diplomatie, non de gouvernement, et moins de gouvernement libre que de tout autre, il excellait à traiter par la conversation, par l'agrément et l'habile emploi des relations sociales, avec les individus isolés; mais l'autorité du caractère, la fécondité de l'esprit, la promptitude de résolution, la puissance de la parole, l'intelligence sympathique des idées générales et des passions politiques, tous ces grands moyens d'action sur les hommes réunis lui manquaient absolument. Il n'avait pas davantage le goût, ni l'habitude du travail régulier et soutenu. Ambitieux et indolent, flatteur et dédaigneux, c'était un courtisan consommé dans l'art de plaire et de servir sans servilité, capable de se prêter à toutes les souplesses utiles à sa fortune, en conservant toujours des airs et reprenant au besoin des allures d'indépendance; politique sans scrupules, indifférent aux moyens et presque aussi au but, pourvu qu'il y trouvât son succès personnel, plus hardi que profond dans ses vues, froidement courageux dans le péril; propre aux grandes affaires du gouvernement absolu, mais à qui le grand air et le grand jour de la liberté ne convenaient point. »

Sans avoir du fiel, Guizot ne dissimule cependant pas, quand il les croit ressemblants, les traits disgracieux ou vulgaires de son modèle. C'est de Mauguin qu'il a dit : « Beau parleur, audacieux, prétentieux, vaniteux, sans jugement comme sans scrupule, très propre, dans les jours de perturbation générale, à échauffer les fous, à intimider les faibles et à entraîner les badauds ».

Au contraire, après la mort de Lainé, Guizot reprend sa plume grave comme le pinceau de Philippe de Champagne : « C'était une âme très noble, facilement émue, triste, et dont les instincts, plus grands que ses idées, s'élevaient avec un touchant mélange de simplicité morale et de pompe oratoire jusqu'à la vertu éloquente ».

Ces citations suffisent pour montrer la variété de ton et la largeur de dessin. Ces nombreux portraits sont suspendus comme autant d'images dans les *Mémoires* de Guizot, et nous aurions puisé encore dans cette collection de figures attachantes et curieuses, si nous ne voulions signaler le chapitre spécial où il a parlé de la société anglaise comme s'il eût passé toute sa vie au milieu d'elle.

Nous savons qu'il avait accepté l'ambassade de

Londres en janvier 1840. Il ressentait pour quelques-uns des personnages les plus considérables d'Angleterre une sympathie qui lui était rendue. C'était une grande époque. En politique, comme en littérature, des hommes éminents vivaient, même le vieux duc de Wellington, « qui lui parla de cette voix courte et chancelante dont la faiblesse ressemble à l'émotion d'un dernier adieu ». Nous ne nommerons pas tous ceux qui faisaient partie de cette élite de la société anglaise; les amis de Guizot, lord et lady Holland, l'avaient mis en rapports suivis avec deux lettrés étrangers au monde des affaires, mais qui, en dehors du Parlement, avaient le plus contribué aux progrès de la liberté; nous voulons parler des fondateurs de la *Revue d'Édimbourg*, le Révérend Sydney Smith et lord Jeffrey. Guizot voyait moins les tories, non seulement parce qu'ils n'étaient pas au pouvoir, mais aussi parce qu'ils avaient à Londres moins de foyers de réunion. Il a donné à son séjour en Angleterre le plus piquant intérêt, caractérisant d'un mot, d'un trait rapide, les nobles figures qui s'appelaient lord Aberdeen, Hallam, lord Lansdowne, sir Francis Pelgrave, Macaulay et sir John Croker.

Quand on pense que ces pages ont été écrites par un septuagénaire qui avait gardé toute la verdeur de son esprit, on ne peut qu'admirer! Si, comme on l'a reproché justement à Guizot, son style, dans ses premiers ouvrages, est *gris et ne rit jamais*, il prend, dans les *Mémoires*, une souplesse, un éclat qui ne portent atteinte ni à la solidité, ni à la grandeur. C'est quelque chose pour un écrivain que d'avoir mérité l'éloge de Taine et d'avoir enfin désarmé les sévérités de Sainte-Beuve; mais une réserve s'impose à notre jugement sur ce beau livre. Contient-il une justification probante de la politique intérieure des dernières années de la monarchie de Juillet? Nous sommes, parmi les admirateurs de Guizot, au nombre de ceux qui regrettent de ne pas le penser. Tant le danger est grand de ne rien voir au delà d'un cercle étroit et de se créer ainsi une atmosphère artificielle! Guizot en était arrivé à vivre plus avec ses idées qu'avec les faits; et il n'ouvrait plus la fenêtre.

Il nous resterait à mentionner l'œuvre de son extrême vieillesse : nous voulons parler de l'*Histoire de France racontée à mes petits-enfants*. Guizot avait conservé son art de composition, sa touche sobre; mais il faut voir surtout dans ce livre d'un octogénaire un sentiment de patriotisme. Au moment où il parut (1872-1873), il apprenait aux jeunes générations à ne pas désespérer de la France, alors qu'elle était mutilée et vaincue; il leur enseignait qu'elle s'était formée et élevée dans les larmes; que les infirmités de notre nation ne sont pas mortelles et que rien n'excite au courage et ne préserve de la faiblesse comme le spectacle fidèlement reproduit des quinze siècles de notre vie nationale. C'est sur cette dernière pensée que la plume tomba des mains de Guizot. Pour un historien, c'était bien finir.

Sans doute les événements prodigieux de ces cinquante dernières années ont fait détourner notre histoire de sa ligne directe et ont changé sa logique apparente; sans doute les faits qui semblaient avoir le moins de rapports avec notre vie moderne, ont été soumis à une nouvelle revision; mais comme les préférences de Guizot ne l'ont jamais rendu volontairement aveugle, et surtout ne l'ont jamais amené sciemment à dissimuler la vérité, ses conclusions historiques sont presque toujours celles qu'adopteront les esprits équitables; son impartialité éclairée, qui n'est jamais de l'indifférence, place donc ses œuvres d'histoire au-dessus des retours de l'opinion.

Guizot a un autre titre à la reconnaissance de la postérité. Avec son esprit actif et méthodique, nul n'a plus fait pour répandre le goût des études historiques. La publication des *Mémoires de l'ancienne France*, celle des *Mémoires de la Révolution d'Angleterre*, la création de la collection des Documents inédits sont autant de foyers d'érudition qu'il a allumés. Ce mouvement, il le continuait au sein de l'Académie des sciences morales, par le choix des sujets donnés au concours, par ses rapports substantiels et éloquents; et c'est à son action que l'on doit l'histoire de nos classes rurales. Partout on sentait la trace de son vaillant esprit et de sa direction.

Ce que Guizot ne possède pas, c'est-à-dire le dilettantisme et les dons qui rendent aimable le labeur le plus fatigant, il l'a remplacé par une précision, par une puissance de réflexion, par une autorité qui s'étaient formées avec son éducation, avec ses luttes, avec son labeur incessant. Son talent puissant, sans ingéniosité, il est vrai, et sans vibrations nerveuses, mais aussi sans subtilité, garde toujours, pour les idées et les faits, le respect sévère et calme que tout penseur doit porter en lui pour mériter la gloire.

TROISIÈME PARTIE

GUIZOT ORATEUR POLITIQUE

Guizot fut un admirable orateur politique, un des plus grands parmi ceux qui ont honoré la tribune française.

L'époque où pour la première fois il fit entendre sa voix était singulièrement propice au génie oratoire. Toute la bourgeoisie suivait avec une attention passionnée les débats parlementaires. C'était sous la Restauration. La lutte engagée entre les partisans de la branche aînée des Bourbons et les libéraux, l'importance et le caractère des questions soulevées, le goût des choses de l'esprit, la soif des discussions publiques après le long silence de l'Empire, tout favorisait l'éloquence politique, et le début d'un député était un événement.

Les maîtres de la tribune étaient alors le général Foy, Benjamin Constant, Royer-Collard et, au-dessus d'eux, de Serre; autant de caractères, autant d'intelligences, autant de talents différents!

Aujourd'hui que la poussière du combat est tombée, nous comprenons moins l'enthousiasme qu'excitaient chez nos pères les discours du général Foy, tant la rhétorique leur donne un air d'amplification de collège, tant les arguments paraissent mal enchaînés et la pensée peu profonde; et nous ferions volontiers le sacrifice de ses harangues, si nous ne trouvions dans les répliques du général Foy un bonheur d'expression, une vivacité d'allure, un naturel, une sorte de grâce ironique qui suffisent à sauver son nom de l'oubli.

Tout autre était à la tribune Benjamin Constant. Sans doute, l'ingéniosité des aperçus, la fécondité des arguments, le trait dans la dialectique ne lui faisaient pas défaut; mais les avantages extérieurs dont la nature avait doté le général Foy, le port, le geste, manquaient absolument à l'auteur d'*Adolphe*. Ses discours, écrits, faisaient plus d'effet sur le public qui les lisait que sur la Chambre qui les entendait. Un de ses contemporains nous racontait, il y a quelque vingt-cinq ans, que Benjamin Constant avait une si grande facilité de composition, qu'en écoutant le discours d'un adversaire, il en écrivait à main courante la réfutation qu'il venait lire immédiatement à la tribune. Ce n'est pas de l'éloquence. Il peut y avoir beaucoup d'art; mais lorsqu'on récite ou qu'on lit, au lieu de traduire par une expression soudaine et improvisée les sentiments ou les idées, on n'est pas orateur. « La perfection même du débit, a dit un maître, devient un défaut, en trahissant l'artifice. »

C'est pourquoi la parole écrite de Royer-Collard a plus d'autorité que de souffle, plus de fermeté de touche que d'émotion. L'éloquence en effet est peut-être plus l'art d'émouvoir que l'art de convaincre. Le langage philosophique et savant dont le chef des doctrinaires entourait la hauteur de ses vues était plus fait pour graver dans la mémoire des principes, que pour secouer une assemblée. Royer-Collard s'imposait plus dans ses discours comme écrivain et comme philosophe politique que comme orateur.

Il fallait de Serre pour que, dans une courte carrière, on ait connu, après Mirabeau, le génie oratoire. Nous n'insisterions pas sur les dons si variés que révéla de Serre, particulièrement dans les célèbres discussions des lois sur la presse, si Guizot ne l'eût assisté en qualité de commissaire du gouvernement. Il conserva beaucoup de la méthode de l'illustre garde des sceaux de la Restauration, remontant volontiers aux sources du sujet, ne négligeant jamais les hautes considérations politiques. De Serre était le modèle des dialecticiens dans l'enchaînement des arguments; sa parole était profonde et point abstraite, colorée et point figurée, élevant la force des raisons au niveau de la grandeur des questions, précise sans sécheresse, trouvant toujours la plus solide réponse à ses adversaires, et il illuminait les débats en apparence les plus stériles des éclairs de son âme passionnée.

C'était quelque chose que d'avoir pendant une année écouté un pareil maître.

Tout le passé de Guizot le préparait du reste à devenir un orateur.

Ses sérieuses études historiques et littéraires, sa connaissance profonde des origines de nos institutions politiques, lui avaient donné ce fonds d'idées générales indispensable à quiconque veut prendre une première place à la tribune. Notre éloquence parlementaire avait, il y a soixante ans, un caractère particulier qui tenait à ses origines philosophiques. Ce n'était pas impunément qu'après avoir employé la science et la littérature à l'affranchissement des esprits, nous avions voulu les faire servir au renouvellement de la société elle-même. Notre art oratoire avait quelque chose de général et de systématique.

S'il y avait eu des exemples à emprunter à la tribune anglaise, personne n'était plus en état de le faire que Guizot. L'histoire d'Angleterre était son domaine. Mais quelles habitudes et quel caractère différents? L'éloquence politique dans le Parlement anglais remonte rarement à des principes. On a remarqué qu'il y a telle session, à la Chambre des communes, où il ne s'est pas dit une phrase éloquente et où les affaires ont merveilleusement été traitées.

Il était passé le temps où les discours de lord

Chatham pouvaient être comparés pour la véhémence et la grandeur des mouvements aux discours de Démosthène. La grande école oratoire de Fox, de Sheridan, de William Pitt, de Wilberforce, de Burke était fermée. Le goût de l'utile, le sens de plus en plus pratique, l'indifférence pour ce qui n'est qu'ingénieux et brillant devenaient de plus en plus le caractère de la tribune anglaise.

Guizot, avec sa volonté ardente et tenace, n'avait cependant rien négligé, même de ce côté-là, pour enrichir son esprit. Non pas que ce fût l'écrivain qui contribuât chez lui à former l'orateur : c'est plutôt l'orateur qui a contribué à perfectionner l'écrivain. « C'est sur le marbre de la tribune qu'il acheva de polir son style. » Ce n'étaient pas non plus ses qualités de professeur qui eussent suffi à faire de lui un orateur. Il apportait dans sa chaire de la précision, une lucidité parfaite, mais trop de termes abstraits et pas assez d'élégance et de chaleur. Il a du reste, dans une page de ses *Mémoires*, admirablement résumé les conditions qui distinguent et séparent le professeur et l'orateur.

Il explique à merveille — après avoir déposé les armes — les ressources et les procédés qui lui ont fait souvent remporter la victoire. Mais se rendait-il bien compte, dans la fumée de la lutte, aussi clairement qu'il l'a fait plus tard, des conditions de l'éloquence politique, de ses exigences, de ses périls? Nous ne le pensons pas.

Qu'on ne croie pas, pour concevoir le génie oratoire dans tout son éclat, qu'il faille se pénétrer de la nécessité de posséder avant tout les règles de la rhétorique! Toute émotion profonde et vive qui remuera votre âme, vous apprendra plus que des leçons et des préceptes. Rien n'est plus personnel à l'homme que la parole, et surtout la parole soudaine, improvisée, excitée par la chaleur de la discussion. Les conseils que donnent des livres excellents sur la perfection du geste, sur la vérité du débit, sur la manière de lancer la phrase, ne produiront jamais autant d'effet sur une assemblée parlementaire que l'expression naturelle et vive d'une âme émue et d'un sentiment élevé et fort. L'exorde préparé ne vaudra jamais celui qu'inspirent les incidents du débat. Que d'imprévus pour l'orateur digne de ce nom! Souvenez-vous de certains discours et surtout des répliques de Mirabeau. Reconstituez dans votre imagination le milieu, l'état des esprits, les clameurs au dedans de l'assemblée, la sédition au dehors, et dites si l'on peut apprendre la puissance et les effets de cette parole passionnée, cette ironie mordante, « ce mépris superbe que lance la supériorité du génie sur ceux qui le contredisent ».

Ce fut la scène parlementaire, ce furent les luttes politiques qui transformèrent l'éloquence de Guizot. Elle alla toujours en grandissant; on suit ses progrès dans les années d'apprentissage. A partir de la coalition, Guizot est en possession de tous ses moyens. Il avait plus d'esprit dans la conversation qu'à la tribune, mais il ne disait rien de commun, et jamais rien qui n'eût l'air réfléchi. De bonne heure, il avait dans le discours l'ordre, la gravité, l'autorité, la possession de lui-même, le libre emploi de ses facultés. Si l'on en croit Charles de Rémusat, il aurait voulu être prédicateur. Son éloquence devait avoir en effet quelque chose d'apostolique, en ce sens qu'elle aspirait encore plus à changer l'état moral des auditeurs que leur état intellectuel. L'écueil de ce genre était la lourdeur, la monotonie et aussi le vague.

Ses débuts avaient eu lieu en 1819, en qualité de commissaire du gouvernement, chargé de concourir à la défense des trois projets de loi sur la presse. Le principe du cautionnement exigé pour la fondation d'un journal avait été vivement combattu par l'opposition : Guizot, dans la séance du 3 mai 1819, répondit aux diverses objections présentées par Daunou et Benjamin Constant. Nous trouvons déjà dans ce premier discours, avec les qualités de généralisation et de fermeté d'esprit, la méthode et la clarté de l'exposition. La question est prise de haut.

« Trois causes, disait-il, se réunissent pour attribuer parmi nous à la puissance des journaux une rapidité et une énergie plus grandes encore que celles qui résultent nécessairement de ce genre de publication. Ces causes sont : les circonstances passées, l'état actuel et particulier de l'ordre social en France, la nature de nos institutions....

« Les révolutions emploient presque autant d'années à se terminer qu'à se préparer, et quand on étudie l'histoire des peuples devenus libres, on acquiert bientôt la conviction que l'époque où ils ont réellement joui de la liberté a été bien éloignée de celle qu'ils assignent eux-mêmes comme le terme définitif de la conquête.... La société nouvelle que nous a léguée la Révolution, ne ressemble peut-être à aucune société passée ou présente. Ce changement intime et radical est provenu de l'introduction du principe de l'égalité dans les replis les plus secrets de l'ordre civil. Il en est résulté ce fait qu'il n'y a plus aujourd'hui en France que le gouvernement et des citoyens ou des individus. La puissance publique est la seule qui soit réelle et forte. Il n'existe presque plus aucune de ces puissances intermédiaires ou locales que créent ailleurs soit le patronage aristocratique, soit les liens de corporations, soit les privilèges particuliers, et qui, exerçant dans leur ressort des droits avoués et une force positive, dispensent le pouvoir central d'une partie des soins nécessaires pour que l'ordre soit maintenu partout. Je ne déplore point, comme quelques personnes, cette constitution de l'ordre social. »

Certes le trait est vigoureux, la pensée est d'un historien; mais le tout manque d'éclat et d'une animation contenue. Attendons quelques années! La révolution de Juillet porte Guizot au pouvoir, et presque aussitôt il prend le langage d'un homme d'État. Comme il sait toujours ce qu'il veut dire et jusqu'où il veut aller, il n'hésite jamais. De tournure d'esprit comme de tempérament intellectuel, il est juste-milieu ; dès ses commencements, il est convaincu que la vérité humaine est une moyenne à laquelle il faut se tenir ; mais la modération, chez lui, n'est pas l'indécision. Il apportait la certitude partout. « Je déteste par-dessus tout, disait-il, l'hypocrisie et la subtilité. » Il n'a jamais connu l'embarras, ni craint la responsabilité, et il entendait par *Gouvernement* des mesures modérées appliquées par des hommes énergiques. Il poursuit partout dans ses livres et dans ses discours le même but, et ce qui fait l'unité de son œuvre fait l'unité de sa vie. Calviniste convaincu, il unit la foi libérale à la foi religieuse, et sa parole en porte la marque indélébile.

Vienne le moment (et il ne se fit pas attendre) où les défenseurs de la monarchie de 1830 se divisent en deux camps, l'éloquence de Guizot devient l'expression la plus haute, la plus sincère de ce qu'il a appelé, avec assez de justesse, le torysme bourgeois.

De tous ceux en effet qui, dans les années 1831, 1832, essayèrent de définir le caractère de la situation, il fut l'orateur qui déploya non seulement le plus d'énergie dans ses improvisations, mais aussi (ce qu'on ne dit pas assez) le plus d'ingénieuses qualités de *leader*. C'est surtout l'historien qui inspire l'homme politique. Ses études sur la civilisation deviennent l'examen des titres historiques du juste-milieu. Aux yeux de Guizot, l'histoire de l'Europe n'est que la longue et pénible élaboration de la classe moyenne et, par suite, du gouvernement représentatif. Qu'on ne croie pas que sa philosophie sociale donne à ses discours une tournure quintessenciée! Au fond, il est une intelligence pratique. Sa présence d'esprit, son sang-froid, la facilité de sa parole, même son défaut de précision bien employé, le rendaient supérieurement propre aux luttes de la stratégie parlementaire. Il a toutes les qualités de son caractère à la tribune, jusqu'à manquer de souplesse; mais si le moraliste éclaire l'homme d'État, il n'en fait jamais un pédant. On peut le juger dès le 9 novembre 1830, quand il eut à expliquer les conditions du nouveau gouvernement. Écoutons-le : « Je respecte les théories; je sais qu'elles sont le travail de la raison humaine, son plus noble effort, pour atteindre à la connaissance générale de la vérité. Mais la raison humaine s'égare si souvent et l'œuvre est si difficile que, lorsqu'il s'agit de la pratique de la vie, les hommes ont grandement raison de se défier des théories. Elles sont presque toujours incomplètes et par conséquent fausses. Ce n'est point avec des théories qu'on fonde les gouvernements : c'est avec le bon sens pratique, avec cette raison prudente qui consulte les faits, qui se contente toujours de la sagesse possible, qui mesure sa conduite sur ce qui est, et non pas sur un but lointain, douteux, qu'elle ne peut ni bien apprécier, ni promptement saisir.

« Ce n'est pas non plus avec des passions qu'on

fonde des gouvernements. Les passions, je les honore : elles jouent un grand et beau rôle dans l'humanité, dans la société; mais ce rôle n'est pas celui de s'adapter aux nécessités des peuples, de bien connaître leurs intérêts, de transiger avec tous les droits. C'est par là qu'on fonde des gouvernements. »

Telle est, presque à ses débuts, cette éloquence qui ne sourit jamais et qui porte l'empreinte d'une forte éducation calviniste. On y discerne déjà une tendance hautaine. — Si l'antipathie des esprits superficiels est (suivant un philosophe) une marque sûre pour discerner les sages, les âmes fières croient, facilement aussi, voir dans l'impopularité une contre-épreuve de leur valeur morale. Guizot a souvent savouré cette volupté, contre laquelle son large esprit ne le mit pas toujours en garde. Il s'est plus d'une fois laissé aller à la joie dangereuse qu'on éprouve à faire sentir son dédain. Il oubliait que les adversaires pardonnent plus facilement d'être injuriés que méprisés.

Dès le 20 février 1831, à l'occasion des troubles qui amenèrent le sac de l'église Saint-Germain-l'Auxerrois, il s'écriait : « Un honorable membre de cette Chambre m'a reproché de mal parler de la Révolution française en général, de lui reprocher ses torts à toutes les occasions, de la traduire, pour ainsi dire, à la barre de l'Europe! C'est l'expression dont on s'est servi. Pendant quinze ans qu'a duré la Restauration, j'ai fait un autre métier : j'ai défendu la Révolution française, non seulement dans ses intérêts, mais dans ses idées, dans son honneur, dans sa dignité. En 1826, au moment où elle semblait le plus être vaincue, je l'ai appelée glorieuse en face de ses ennemis. Pourquoi? Parce qu'elle était alors attaquée, diffamée, en péril. — J'ai coutume, je l'avoue, de dire la vérité au plus fort, et de me porter là où paraît être le danger. J'agis aujourd'hui comme alors : je dis aux vainqueurs ce que je crois être la vérité, je vais où le danger me paraît être. Les gouvernements ne sont pas institués pour plaire, les gouvernements libres moins que d'autres. Dans les pays libres, le meilleur gouvernement n'est presque jamais populaire. Il a toujours contre lui le parti des espérances et celui des mécomptes. Depuis 1688, il n'y a pas eu en Angleterre de Chambre des communes populaire.... Quiconque aura le pouvoir et en sera responsable ne sera pas populaire et ne doit pas y prétendre : on ne gouverne les peuples libres qu'à ce prix. »

Il s'est fait comme des trouées de lumière dans la phrase abstraite et philosophique. Le besoin de convaincre (une des lois de l'art oratoire) n'a sans doute pas desserré les liens de la dialectique toujours rigoureuse, mais lui a donné plus de clarté. Guizot, quoique de plus en plus engagé dans les luttes quotidiennes, traitera toujours les questions d'un point de vue général, formulant ses idées en axiome, établissant — suivant l'heureuse expression d'un de ses critiques — autour de cet axiome l'échafaudage de ses raisonnements, ramenant toujours ses auditeurs à son thème principal, et convaincu que ce n'est pas avec une grande quantité d'idées qu'on entraîne les assemblées.

Cette méthode de discussion, qui n'est pas sans habileté quand elle s'appuie sur des faits, donnera à Guizot une véritable puissance. Qu'on n'objecte pas qu'elle nuit à la connaissance des affaires! Aucun ministre n'a mieux discuté dans le détail son budget de l'Instruction publique ou des Affaires étrangères; sa parole devient, dans les débats techniques, de plus en plus nette et précise, et, même sur ce point, ses discours supportent la lecture, qualité rare que ne conservent pas des orateurs plus brillants et doués de plus de mouvement. Nous regrettons pourtant qu'il n'ait pas consenti à appliquer son talent méthodique à discuter une mesure financière, une réforme commerciale ou administrative. Il a ainsi privé les discussions, de ce genre, d'importance et d'éclat. C'est une faute qui décèle un côté faible de ce rare esprit. Par là, tant comme ministre que comme orateur, il n'aurait peut-être pas autant été prisé en Angleterre que dans notre pays; il n'avait cependant qu'à vouloir, et il eût réussi.

Le progrès était visible, lorsque les célèbres débats de la coalition portèrent Guizot au premier rang des assaillants du ministère Molé. Il a jugé lui-même trop sévèrement cette période de sa vie politique pour que nous ajoutions un mot à ses

Mémoires; mais le talent oratoire reste tout entier, et nous sommes plein d'admiration en lisant ces harangues véhémentes qui se succèdent depuis 1837 jusqu'en avril 1839. Il aurait fallu l'entendre! Petit de taille, le front haut, le port assuré, les yeux bien ouverts et lançant des flammes, le visage pâli par la passion, la voix grave et sonore, au timbre le plus harmonieux!

Il avait cependant traversé de sévères douleurs. Son fils aîné, François, celui que lui avait donné Pauline de Meulan, venait de lui être enlevé dans la fleur de l'intelligence et de la jeunesse. L'âme du père avait puisé dans cette cruelle épreuve encore plus de hauteur morale et de noblesse.

« Ah! messieurs, répondait-il à M. Havin qui l'interrompait (3 mai 1837), j'ai quitté et pris le pouvoir plusieurs fois dans ma vie, et je suis pour mon compte personnel profondément indifférent à ces vicissitudes de la fortune politique. Vous pouvez m'en croire, messieurs, il a plu à Dieu de me faire connaître des joies et des douleurs qui laissent l'âme bien froide à tout autre plaisir et à tout autre mal. »

Et dans cette mémorable séance, reprenant une thèse qui lui était chère, il trace à larges traits le rôle social de la bourgeoisie moderne, s'efforce de montrer qu'elle n'est pas une caste, et que, par suite d'une évolution providentielle, c'est elle qui doit avoir la prépondérance dans une nation libre Le discours est à retenir, comme suite des Études historiques de Guizot :

« Tout ce que j'ai pu dire ou écrire sur la politique a eu pour objet de prouver que notre Révolution de 1789 était la victoire glorieuse et définitive de la classe moyenne sur le privilège et sur le pouvoir absolu : je défie qu'on cite un seul de mes écrits politiques où cette idée ne soit énergiquement et incessamment soutenue et développée. — Depuis 1830, de quoi avons-nous été accusés, mes amis et moi en particulier, par les défenseurs du parti de l'ancien régime, dans leurs journaux, dans leurs écrits? De vouloir constituer ce qu'on appelait le régime de la classe moyenne. C'est à ce titre que j'ai été continuellement attaqué. Et me voilà aujourd'hui le défenseur, le résurrecteur, s'il est permis d'employer ce mot, de l'ancienne aristocratie du privilège! Car c'est sous son nom et dans ces termes que j'ai été plusieurs fois attaqué à cette tribune.

« Il n'en est rien, messieurs, je suis fidèle aujourd'hui à l'idée politique qui m'a dirigé toute ma vie. Oui, aujourd'hui, comme en 1817, comme en 1820, comme en 1830, je veux, je cherche, je sers de tout mon pouvoir la prépondérance politique des classes moyennes en France, l'organisation définitive et régulière de cette grande victoire qu'elles ont remportée sur le privilège et sur le pouvoir absolu de 1789 à 1820. Voilà le but vers lequel je marche aujourd'hui.

« Mais je veux que cette prépondérance soit stable et honorable, et pour cela il faut que les classes moyennes ne soient ni violentes et anarchiques, ni envieuses et subalternes.

« On parle beaucoup depuis quelque temps de bourgeoisie, de démocratie, de France nouvelle.... On s'en fait à mon avis une fausse idée.... Ne croyez pas que la classe moyenne actuelle ressemble à la bourgeoisie du moyen âge, à cette bourgeoisie récemment affranchie, qui doutait, et doutait avec raison, de sa dignité comme de sa force, étroite, envieuse, inquiète, tracassière, voulant tout abaisser à son niveau. La France nouvelle, la démocratie nouvelle a la pensée plus haute et le cœur plus fier; elle se confie en elle-même, elle ne doute point de sa destinée et de ses droits; elle n'est jalouse de personne, elle ne conteste à personne la place dans l'organisation sociale, bien sûre qu'on ne viendra pas lui disputer la sienne. Quiconque l'honore et veut la servir véritablement doit au contraire travailler sans cesse à lui élever le cœur, à lui inspirer confiance en elle-même, à l'affranchir de toutes les jalousies, à lui persuader qu'elle ouvre sans cesse ses rangs, qu'elle se montre prête à accueillir toutes les supériorités, quels que soient leur nom et leur caractère : qu'en dehors d'elle, ces supériorités deviennent à charge à elles-mêmes et inutiles au pays. Voilà le langage qu'il faut tenir aux classes moyennes. La mission des gouvernements n'est pas laissée à leur choix, elle est réglée en haut.

« C'est la Providence qui détermine dans quelle étendue se passent les affaires d'un grand peuple. »

Odilon Barrot ayant en fin de séance ranimé le débat et mal interprété les éloquentes paroles que nous venons de citer, Guizot, le lendemain, s'expliquait plus nettement encore.

« Comment, s'écriait-il, quelqu'un dans cette Chambre a-t-il pu croire qu'il me fût entré dans l'esprit de constituer la classe moyenne d'une manière étroite, privilégiée, d'en refaire quelque chose qui ressemblât aux anciennes aristocraties? Permettez-moi de le dire, j'aurais abdiqué les opinions que j'ai soutenues toute ma vie.

« Quand je me suis appliqué à répandre dans le pays les lumières de tout genre; quand j'ai cherché à élever les classes laborieuses, les classes qui vivent de salaires, à la dignité de l'homme, à leur donner la lumière dont elles avaient besoin, c'était une provocation continuelle de ma part à acquérir des lumières plus grandes, à monter plus haut!

« Ne dites pas que je refuse à la nation française, que je lui conteste le prix de sa victoire, le prix de son sang versé dans nos cinquante années de révolutions! A Dieu ne plaise! Elle a gagné un noble prix, et aucun événement ne pourra le lui ravir.

« Mais je suis de ceux qui combattront le nivellement sous quelque forme qu'il se présente; je suis de ceux qui avertiront à chaque instant la démocratie que tout le monde ne s'élève pas; que l'élévation a ses conditions; qu'il y faut la capacité, l'intelligence, le travail. Je veux que partout où ces qualités se rencontreront, la démocratie puisse s'élever aux plus hautes fonctions de l'État, qu'elle puisse monter à cette tribune, y faire entendre sa voix, parler au pays tout entier.

« Vous êtes des ingrats : vous méconnaissez sans cesse les biens dont vous êtes en possession! Vous vivez au milieu de la société la plus libre qu'on ait jamais vue, et où le principe de l'égalité sociale est le plus consacré. Jamais vous n'avez vu un pareil concours d'individus élevés au plus haut rang dans toutes les carrières. Nous avons tous, ou presque tous, conquis nos grades à la sueur de notre front et sur le champ de bataille.

« Voilà dans quel sens j'entends les mots *Classes moyennes*, *Démocratie*, *Liberté et Égalité*. Rien ne me fera dévier du sens que j'y attache. J'y ai risqué ce que l'on peut avoir de plus cher dans la vie politique, j'y ai risqué la popularité. Elle ne m'a pas été inconnue. Vous vous rappelez, messieurs, l'honorable M. Barrot peut se rappeler un temps où nous servions ensemble, où nous combattions sous le même drapeau. Dans ce temps-là (il peut s'en souvenir), j'étais populaire, populaire comme lui; j'ai vu les applaudissements venir souvent au-devant de moi; j'en jouissais beaucoup, beaucoup! C'était une belle et douce émotion : j'y ai renoncé.... Oui, j'y ai renoncé. Je sais que cette popularité-là ne s'attache pas aux idées que je défends aujourd'hui, à la politique que je maintiens.... »

C'est Guizot tout entier.

Il fut constamment sur la brèche dans les séances

du mois de janvier 1839. Sa phrase devient courte, presque haletante, tant elle vibre sous le coup de fouet de la passion. Il est préparé à son rôle de *leader* des classes moyennes, et son talent oratoire a atteint son apogée lorsqu'il prend la première place dans le cabinet du 29 octobre 1840.

Les discussions sur le droit de visite, sur les fonds secrets, sur les affaires de Taïti, sur celles de Grèce, sur les mariages espagnols, sur l'enseignement secondaire, sur les rapports avec la papauté, furent autant d'occasions pour Guizot de déployer les ailes de son éloquence de plus en plus ample; et chacun de ses discours est semé de ces mots qui ne sont pas seulement d'un théoricien, mais d'un moraliste.

Rappelez-vous cette réponse à Lamartine dont il a tracé un si vivant portrait dans ses *Mémoires*! L'immortel auteur de *Jocelyn*, le plus brillant des orateurs, avait parlé, au lendemain d'un nouvel attentat contre la vie du Roi, de la nécessité du dévouement pour faire de grandes choses au nom du peuple. « Il a eu parfaitement raison, dit Guizot : il n'y a rien de beau dans le monde sans dévouement; mais il y a place partout pour le dévouement. La vie a des fardeaux pour toutes les conditions, et la hauteur à laquelle on les porte n'en allège nullement le poids. »

Enfin pour le juger à un autre point de vue, celui de la réplique et de la véhémence en face de l'outrage, nous ne pouvons oublier cette fameuse séance

du 26 janvier 1844, la plus violente qui ait eu lieu dans les Chambres, de 1830 à 1848, où, à propos des pèlerinages à Belgrave-Square, l'opposition exaspérée évoqua contre Guizot le souvenir de son voyage à Gand, lui criant avec rage : « Vous aviez prévu Waterloo! » — Lisez, après cinquante ans de silence, cette harangue hachée par les injures et les colères, et dites, à quelque parti que vous apparteniez, s'il est des paroles plus éloquentes que celles-ci :

« Il y a quelque chose de plus fort et de plus obstiné que toutes les interruptions et tous les murmures, c'est la conscience et la volonté de l'homme de bien.... Je répète, oui, je répète que je suis allé à Gand. Je suis allé porter à Louis XVIII les conseils des royalistes constitutionnels qui prévoyaient sa rentrée probable en France.... (*Les cris et les apostrophes redoublent.*)

« On peut épuiser mes forces, reprend Guizot, mais j'ai l'honneur de vous assurer qu'on n'épuisera pas mon courage.

« Je dis qu'il était possible, qu'il était naturel de prévoir l'une des issues de la grande lutte qui s'était engagée, et que dans cette prévoyance il importait que Louis XVIII rentrât en France sous le drapeau constitutionnel et avec les principes de la Charte, pour les maintenir, pour les développer, et non pour les remettre en question. J'ajoute que ç'a été le seul motif de mon départ pour Gand.... (*Interruptions à gauche.*) Que dirait-on si j'en appelais, je ne dis pas à mes amis, mais à la mémoire de mes ennemis? si j'en appelais aux éloges dont ils m'ont comblé, aux sympathies qu'ils m'ont témoignées pendant dix ans de cette guerre de l'opposition contre la Restauration? si je leur rappelais qu'à cette époque les faits qui leur inspirent une telle indignation leur étaient connus comme aujourd'hui?... (*Vives réclamations à gauche.*)

« Je n'ai jamais défendu, je n'ai jamais servi qu'une seule cause.... Le désir de concourir pour ma faible part à la fondation de ce beau et grand gouvernement a été ma seule pensée politique. C'est ce désir, c'est ce sentiment qui m'a fait affronter les orages que vous soulevez aujourd'hui contre moi. Ces orages, je les ai prévus. Ne croyez pas que, lorsque j'ai été porter à Louis XVIII les conseils de la Monarchie constitutionnelle, ne croyez pas que je n'ai pas pressenti, que je n'ai pas entendu vos paroles, vos murmures, vos colères : je les ai pressentis, et je les ai acceptés, et je les surmonterai, car j'ai mon pays avec moi. (*Bruyantes réclamations.*)

« Avez-vous jamais eu, vous qui excitez de pareilles clameurs, avez-vous jamais eu l'assentiment du pays, vous, vos opinions, vos pratiques? N'êtes-vous pas armés depuis vingt-cinq ans de toutes les forces de ce gouvernement dont je parle? n'êtes-vous pas en possession de toutes ces libertés? Comment avez-vous su vous en servir? Les avez-vous fait tourner à la gloire et au repos du pays? Est-ce par vous que le pays a vu son gouvernement fondé et ses libertés mises en pratique? (*Agitation en sens divers.*)

« Pendant cinq ans, serviteur loyal de la Restauration, j'ai employé la part d'influence qui pouvait m'appartenir dans une sphère modeste, je l'ai employée à lutter contre l'esprit de contre-révolution, à seconder de tous mes moyens la prépondérance des influences que notre Révolution avait créées. (*Exclamations à gauche.*) — Ce sont des faits qu'il n'est pas en votre pouvoir d'effacer. Il est très vrai que je n'ai jamais entendu comme vous la liberté de la presse ni les autres libertés; et, si par malheur les Assemblées qui représentaient le pays les avaient entendues comme vous, ces libertés n'existeraient pas aujourd'hui! Vous n'avez jamais su fonder ni un pouvoir ni une liberté. (*Vives réclamations à gauche.*) Oui, vous avez toujours perdu et les libertés et les pouvoirs!

« Je le dis très haut, je suis de ceux qui ont accepté en 1815 le port de la Monarchie constitutionnelle; je suis de ceux qui ont pensé qu'il y avait là pour la France plus de sécurité, plus de dignité, plus de progrès que dans toute autre combinaison. — Et maintenant, puisque j'ai, depuis cette époque, constamment combattu pour la même cause, je ne cesserai certainement pas aujourd'hui. Toutes les colères, toutes les clameurs ne me détourneront pas de ma route : je persisterai à soutenir contre les adversaires de tout genre, d'ici ou de là, les principes et les intérêts du gouvernement que nous avons conquis et fondé en Juillet.

« Je connais l'empire des mots, l'empire des préventions, l'empire des passions populaires et aveugles; mais j'ai confiance dans la vérité, dans le bon sens et le sentiment de mon pays.

« Ce n'est qu'avec l'aide de ces forces, avec l'appui du bon sens et du sentiment public, sans cesse invoqué et discuté dans cette enceinte, que nous avons parcouru depuis 1830 notre laborieuse carrière. Nous continuerons et nous arriverons au terme; et, quant aux injures, aux calomnies, aux colères extérieures, on peut les multiplier, les entasser tant qu'on voudra : on ne les élèvera jamais au-dessus de mon dédain! »

Nous aurions voulu reproduire tout ce discours, avec ses ardeurs et ses véhémences, parce que la transformation de l'éloquence est complète : la parole est devenue vive comme la flamme, pénétrante comme l'acier, fière comme un chant de triomphe. Cette communication incessante entre l'orateur et la majorité d'une assemblée, condition et difficulté suprême de l'art oratoire, Guizot l'avait enfin réalisée.

Pour le juger avec plus de pénétration, il faudrait le comparer à son rival, M. Thiers. — Caractère, opinions, éducation, talent, tout était opposé. Tous les deux avec des qualités et des procédés différents ont agi puissamment sur le monde parlementaire : Thiers avec moins de hauteur et de généralité dans l'esprit, mais avec plus d'étendue et de mouvement; avec moins de méthode et d'entraînement dans l'argumentation, mais avec plus d'abandon et de naturel; avec moins de gravité, mais avec plus de saillies et d'imprévu; le premier convainquant plus par la logique, l'autre intéressant davantage par la vivacité et la dextérité du langage; l'un ayant plus d'optimisme, l'autre plus de perspicacité; l'un sachant mieux les livres, l'autre connaissant mieux les hommes; l'un avec une voix harmonieuse qui entrait dans l'oreille comme le son d'une cloche, l'autre se faisant entendre à force de se faire écouter; tous les deux s'étant développés avec la lutte, de telle sorte que jamais leur talent ne fut plus grand que dans les dernières années de leur vie publique.

Au dire des meilleurs juges, l'éloquence de Guizot, de plus en plus châtiée dans sa forme, faisait illusion sur l'autorité et la force qui défaillaient peu à peu autour du pouvoir, tellement que, vers la fin du règne, l'éloquence était au comble quand la faiblesse gouvernementale s'accusait de plus en plus, à l'inverse de Casimir Perier, qui souvent n'avait pas été éloquent, ni toujours adroit à la tribune, mais chez qui la puissance de l'homme d'État était bien supérieure à celle de l'orateur et autrement efficace.

O vanité de ce grand art, qui nécessite cependant pour être exercé les plus hautes facultés de l'esprit humain!

Quiconque a beaucoup vécu dans les assemblées politiques est frappé de la vérité de cette pensée de Pascal, que l'éloquence est une puissance trompeuse. L'effet du plus beau discours expire le plus souvent aux portes du Sénat ou de la Chambre des Députés. Le public en ressent rarement l'action ou le bienfait; et, dans un temps où la presse ne donne plus, comme il y a quarante ans, le texte complet d'un discours, l'art oratoire, de plus en plus réduit à exercer son influence sur une élite, crée autour de l'orateur cette illusion dont nous parlions.

Guizot, hâtons-nous de le dire, était de ceux que ce mécompte n'eût jamais découragés.

Il apportait du reste dans tous les genres d'éloquence ses admirables facultés oratoires. Qu'il s'agît de réunions religieuses ou de conférences à la Société des écoles ouvertes par le zèle éclairé du protestantisme français, Guizot, chaque fois qu'il avait à prendre la parole, retrouvait tout son talent. Il le montra à ceux qui ne l'avaient jamais entendu à la tribune, lorsque, après son retour de l'exil, il fut appelé, comme directeur de l'Académie française, à recevoir quelques-unes des plus originales personnalités de ce siècle.

Ce fut une révélation pour la génération à laquelle nous appartenons lorsque Guizot reçut le savant M. Biot. Dès les premiers mots, suivant une heureuse image, on sentit vibrer l'arc et les flèches sonores. On retrouvait l'orateur, avec cette netteté vigoureuse qui était le caractère de sa parole, avec cette élévation qui lui permettait de rendre hommage à la grandeur intellectuelle, avec cette autorité qui donnait tant d'éclat à la pressante objurgation adressée à la jeunesse libérale.

Ce fut surtout (il nous en souvient encore) à la réception du Père Lacordaire que Guizot fournit la mesure de sa maîtrise oratoire. Il faut convenir que l'antithèse était piquante : d'un côté, un dominicain, prononçant l'éloge de M. de Tocqueville, c'est-à-dire de la démocratie américaine dans son expansion illimitée ; et en face, un calviniste, le plus éloquent organe de la liberté réglée. La réponse de Guizot fut d'un orateur consommé. Il commença par se demander ce qu'un hérétique comme lui et un fils de saint Dominique comme le récipiendaire auraient eu à se dire, il y a six siècles, s'ils s'étaient rencontrés face à face dans la guerre des Albigeois, et il ne manqua pas de rendre un solennel hommage à la civilisation moderne et à la société française sortie de la Révolution. C'était bien débuter. Le parallèle, tout à fait académique, fut ensuite le prétexte pour Guizot de vues aussi ingénieuses que piquantes; mais il déborda bientôt le cadre, et, se reportant aux années de ses luttes parlementaires, il fit revivre sous les yeux de ses auditeurs émus et charmés les années où il régnait, par l'éclat de son talent prestigieux, sur une assemblée qui croyait que l'éloquence suffisait pour gouverner la France.

Mais comment limiter le domaine où se jouait cet orateur incomparable? L'Académie des sciences morales, aussi bien que l'Académie française, ne l'a-t-elle pas entendu dans toutes les discussions qui intéressaient son esprit vaste et actif, passionné et n'étant indifférent à rien, portant dans tous les sujets d'histoire ou de morale, de politique ou d'éducation, les ressources de son érudition profonde, les observations de son impérieuse raison, les élans de son âme de plus en plus religieuse, ne connaissant pas l'incertitude, et toujours prêt à affirmer comme indiscutable son opinion? Il restait, jusqu'à la fin de sa laborieuse existence, dans ses discours comme dans sa conversation, il restait le même homme dont Mme la duchesse de Broglie, dans une lettre à M. de Barante, disait en 1822 : « Il se soutient par une merveilleuse faculté d'espérer et une foi en lui-même inébranlable ».

Voilà pourquoi, dans le Panthéon de nos gloires nationales, doit figurer au premier rang ce défenseur intrépide et convaincu de la bourgeoisie française, qui essaya de faire d'elle un corps politique, uni, compact, servant de guide à la nation, mais qui manqua de prévoyance et qui n'oublia qu'une chose, une condition indispensable : élargir la base étroite sur laquelle tout son système reposait.

QUATRIÈME PARTIE

GUIZOT CRITIQUE ET PUBLICISTE

I

Guizot a beaucoup écrit, et sur les sujets les plus variés. Il serait difficile et fastidieux d'examiner toutes les productions échappées à son cerveau toujours actif; un choix s'impose à qui veut rendre compte de ses écrits.

Il y avait en lui les éléments d'un critique, et s'il eût voulu donner à ses facultés d'observation et à sa puissance de travail cette direction, il eût tracé dans cette voie profondément son sillon. Deux livres publiés dans sa jeunesse, l'un en 1813, l'autre en 1825, intéressent encore, non seulement parce qu'ils sont un reflet des idées qui prévalaient alors parmi l'élite qui cultivait les lettres, mais surtout parce qu'ils dénotent une intelligence très avisée de l'art dramatique.

Dans le premier de ces livres, *Corneille et son temps*, il recherche les traits originaux de la littérature, surtout de la poésie en France aux approches et aux débuts du XVIIe siècle, dans les années qui préparèrent Corneille. Guizot est frappé, en parcourant les œuvres des poètes de cette époque, du défaut de méditation « qui empêche leur goût de devenir pur et leur sensibilité d'être profonde ». Il fait remarquer qu'à cette froideur, maladie mortelle de la poésie, vint bientôt se joindre la négligence qui était un caractère des gens du monde, « et par laquelle ils dénaturaient, afin de se les approprier, les choses qu'ils destinaient à leur usage ». Dès qu'il fut à la mode d'avoir de l'esprit, tout le monde voulut faire des vers, et grâce à ce privilège qu'ont les gens de qualité, « de savoir tout, sans avoir rien appris », tout le monde en fit. Rencontrant sur sa route l'Académie française qui se fondait, Guizot ajoute que son influence sur la littérature en général n'a été que faible et bornée. « C'est comme écrivains, en possession de se faire accueillir du public, que les académiciens ont été les organes et quelquefois les régulateurs du sentiment général; comme académiciens, ils n'ont été que des archivistes. »

C'est avec cette liberté d'esprit que Guizot aborde l'étude sur Corneille. La guerre civile, quand l'auteur du *Cid* naquit, avait rompu les anciennes habitudes. La paix et le bonheur ramenés par Henri IV en demandaient de nouvelles. Après avoir exposé, avec autant de savoir que de précision, de quel grossier berceau l'art dramatique s'élança, dès les premières années du XVIIe siècle, pour grandir rapidement; après avoir analysé avec sagacité les premières pièces de Corneille, les rivalités qu'il eut à subir, Guizot fouille son caractère.

Corneille a passé, depuis *le Cid*, dans une sphère nouvelle; il est sorti de la situation étroite qui enchaînait son imagination à une fortune inférieure à ses facultés. Il a acquis, par sa renommée, une importance publique; dès lors le souci de cette renommée devient pour lui l'objet d'un devoir. La chute de *Pertharite* fut la première atteinte portée au respect qu'inspirait le nom de Corneille. Dès ce moment, il ne se défendit plus.

Guizot se demande pourquoi Corneille, père de notre théâtre, n'en a pas été le législateur. Cette énergie, cette majesté, ces élans sublimes, tout ce qui a valu à Corneille le nom de Grand, ce sont là, dit Guizot, des mérites personnels qui ont immortalisé le nom du poète, mais sans conserver après lui une influence dominante sur l'art dramatique. Son caractère l'a trop souvent soumis à ce siècle auquel son génie le rendait supérieur. Il est impossible de prévoir ce que serait devenu ce génie, s'il se fût hardiment livré à lui-même. Corneille était à peu près dans la même situation que Shakespeare et Calderon; mais son pays était plus civilisé que le leur. L'auteur du *Cid* craignait et bravait la critique, et l'excitait en la bravant. « Il n'accordait rien à ses reproches, mais il faisait tout pour les éviter. »

Quand il eut vu si sévèrement condamner l'amour de Chimène, effrayé sans doute de ce qu'il pourrait trouver dans les faiblesses du cœur, Corneille n'en voulut plus voir que la force; et comme l'admiration est le sentiment qu'inspire surtout la résistance héroïque, l'admiration devint le ressort favori de son génie et de son théâtre. Guizot repousse l'opinion de Boileau et de Voltaire qui ont pensé que c'est un sentiment froid et peu propre à l'effet dramatique.

Il considère comme une des erreurs de notre métaphysique littéraire de chercher dans nos souvenirs personnels, dans un retour sur nous-mêmes et nos propres affections la source du plaisir que nous donnent le théâtre et surtout la tragédie. A ses yeux, loin de nous ramener à notre propre situation, l'effet du spectacle doit être de nous en écarter absolument. Loin d'arrêter notre attention sur le cercle étroit de notre existence réelle, le théâtre doit au contraire nous la faire perdre de vue pour nous transporter dans une autre existence possible, et nous occuper, non de ce qui nous arrive quotidiennement, mais de ce que nous pouvons être. Ravis alors jusqu'à une sorte d'ivresse, nous portons sur toutes choses l'émotion qui nous anime. A la hauteur où Corneille sait nous élever, aucune idée basse ne peut plus nous atteindre.

Son imagination se prêtait à son isolement. La sublimité de ses inventions était soutenue par son inexpérience des choses de la vie. Ses personnages ne pouvaient trouver convenablement leur place que dans les circonstances les plus extraordinaires. Sur la scène, l'espace et le temps leur manquent pour se faire connaître. « Corneille n'est pas classique, dit Guizot; le goût, fondé sur la connaissance de la vérité, lui a trop souvent manqué pour qu'il puisse toujours servir de modèle; mais des beautés hors de comparaison n'en ont pas moins assuré son rang, et, après un siècle et demi de gloire littéraire, aucun rival ne lui a enlevé le nom de grand. Ses revers mêmes auraient pu le confirmer. »

Telles sont les idées originales du jeune Guizot. Cette largeur et cette indépendance de jugement se manifestent d'une façon plus éclatante dans son étude sur Shakespeare.

Qui eût cru que Guizot était un romantique? Lorsqu'en 1822 il publia, en tête de sa traduction, son étude sur *Shakespeare et la poésie dramatique*, l'école romantique était en pleine ébullition. Guizot examine si le système dramatique de Shakespeare ne vaut pas mieux que celui de Voltaire, et si la critique doit demeurer dans les limites où elle se renfermait jadis. Il établit que, pour produire ses plus énergiques effets, pour conserver, en grandissant, sa liberté comme sa richesse, la poésie dramatique a besoin de se séparer du peuple, à qui elle s'adresse d'abord. « Populaire en naissant, il faut qu'elle devienne nationale. »

L'ouvrage de Guizot est le développement de cette

idée-là, qui n'était pas celle de son milieu intellectuel et politique : et il étudie largement et en enthousiaste le grand William. Ce n'est pas sur la distinction du comique et du tragique qu'il classe les œuvres de Shakespeare : ce n'est point entre ces deux genres qu'il les divise, mais entre le fantastique et le réel, le roman et le monde. C'est l'ensemble en effet des réalités humaines que Shakespeare reproduit dans la tragédie, théâtre universel, à ses yeux, de la vie et de la vérité ; et nul n'a réuni au même degré ce double caractère de l'observateur le plus impartial et de l'âme la plus profondément sensible. « Supérieur à tout par la raison, accessible à tout par la sympathie, il ne voit rien qu'il ne le juge, et le juge parce qu'il le sent. »

Guizot constate que dans la secousse littéraire qui l'agite, l'Europe tourne les yeux vers Shakespeare, et que la France, patrie du classique, s'étonne de l'ébranlement donné à ses opinions littéraires, « établies avec la rigueur de la nécessité et soutenues avec l'orgueil de la foi ».

Si le système romantique a ses beautés, il a son art et ses règles. Guizot les examine à travers Shakespeare. C'est à la connaissance du cœur humain que, malgré les habitudes de son temps, cet immortel génie comprit qu'il fallait demander le secret du théâtre. Le mouvement, qui faisait avant lui le principal intérêt des ouvrages dramatiques, est devenu, dans les siens, un simple accessoire que le goût de son temps ne lui permettait pas de retrancher, mais qu'il réduit à sa juste valeur. L'unité d'impression, cette principale règle de l'art, est l'âme des conceptions de Shakespeare. « Les partisans exclusifs du système classique ont cru qu'on n'y pourrait arriver qu'à la faveur de ce qu'on appelle les trois unités; Shakespeare y est parvenu par d'autres moyens. » Toujours attentif au but qu'il poursuit, il sait faire rentrer dans l'unité d'action, indispensable à l'unité d'impression, ces artifices, ces moyens préparatoires qu'il emploie pour disposer librement de la pensée du spectateur.

Quand on veut produire l'homme sur la scène, dans toute l'énergie de sa nature, ce n'est pas trop d'appeler à son aide l'homme tout entier, de le montrer sous toutes les formes, dans toutes les situations que comporte son existence.... La représentation est non seulement plus complète et plus vive, mais aussi plus véridique. Ainsi Guizot justifie son admiration pour Shakespeare; et il termine cette étude si originale, par ces paroles libérales qui durent faire frémir plus d'un de ses amis : « Le système classique est né de la vie de son temps; ce temps est passé. Son image subsiste brillante dans ses œuvres, mais ne peut plus se reproduire. Près des monuments des siècles écoulés, commencent maintenant à s'élever les monuments d'un autre âge. Quelle en sera la forme? Je l'ignore; mais le terrain, où peuvent s'asseoir leurs fondements, se laisse déjà découvrir. Ce terrain n'est pas celui de Corneille et de Racine; ce n'est pas celui de

Shakespeare, c'est le nôtre; mais le système de Shakespeare peut seul fournir, ce me semble, les plans d'après lesquels le génie doit travailler. Seul ce système embrasse cette généralité d'intérêts, de sentiments, de conditions, qui forme, aujourd'hui pour nous, le spectacle des choses humaines. Il nous faut des tableaux où l'homme tout entier se montre et provoque toute notre sympathie. »

II

Comme publiciste, Guizot a laissé de nombreux témoignages de la supériorité et de la fécondité de son esprit; mais aucun de ses ouvrages, si nous en exceptons ses travaux d'histoire, n'eut plus de succès que ses deux livres publiés coup sur coup en 1820 et 1821, après la disgrâce des Doctrinaires : l'un intitulé : *Du gouvernement de la France depuis la Restauration et du ministère actuel*; l'autre : *Des moyens d'opposition et de gouvernement dans l'état actuel de la France*. Les dernières pages de la correspondance de Charles de Rémusat nous donnent sur ces pamphlets le jugement du public choisi, au milieu duquel vivait Guizot.

Si remarquable qu'il fût, le second de ces écrits avait bien moins réussi que le premier. « J'imagine, écrivait Charles de Rémusat à sa mère

(30 octobre 1821), que l'ouvrage de Guizot vous aura amusée. Il a, sous le rapport du talent, un succès universel; et même en ce qui concerne les opinions, des ministres professent qu'il y a beaucoup à y profiter. » Mme de Rémusat lui répondait de Lille, où son mari était préfet : « Nous lisons le livre de votre ami (M. Guizot) avec un extrême intérêt. Il est plein de ces sortes de vérités qui semblent vous saisir à la gorge, sans que vous trouviez rien à leur opposer. C'est assurément l'ouvrage d'un vrai citoyen et d'un citoyen fort éclairé; j'y trouve bien ensuite quelque lenteur dans la marche, et toujours un peu de pesanteur et de monotonie dans les formes du style. »

Guizot, en effet, dans ses livres de polémique, ne se donne pas assez de peine en écrivant : il n'évitait pas la prolixité, soutenant qu'un ouvrage de ce genre n'est pas, à proprement parler, de la littérature; qu'il s'adresse à toutes les classes de la société; et que se répéter diversement est nécessaire pour être compris de tous. Aujourd'hui, que tant de choses sont mortes, quand on lit ces écrits qui passionnèrent leurs contemporains, on retrouve, à travers tout ce qui est d'à-propos et de circonstance, un fonds riche d'idées. Nous sommes loin du temps où Guizot opposait la Révolution et la contre-Révolution, la France nouvelle et l'ancien régime, et où il était nécessaire de démontrer que la Révolution française était la victoire définitive du tiers état sur la noblesse et le clergé. Il y avait du courage à dire tout haut, au lendemain de la réaction qui suivit l'assassinat du duc de Berry : « La Révolution française, amenée par le développement nécessaire d'une société en progrès, fondée sur des principes moraux, entreprise dans le dessein du bien général, a été la lutte terrible, mais légitime, du droit contre le privilège, de la liberté légale contre l'arbitraire, et à elle seule, il appartient, en se réglant, de consommer le bien qu'elle a commencé et de réparer le mal qu'elle a fait ».

La presse libérale, pendant vingt-cinq ans, a beaucoup emprunté à ces vigoureux plaidoyers en faveur des classes moyennes. On a souvent cité, comme autant d'apophtegmes, des phrases comme celle-ci : « L'ancien régime peut quelque chose contre nous, rien à son profit : on dirait que la Providence ne lui permet de toucher encore au pouvoir que pour bien convaincre le monde et lui-même qu'il ne lui est pas donné d'accomplir ses desseins ». Si, avant d'aborder la vie parlementaire, on avait souci de faire son éducation politique, on ne consulterait pas sans profit encore ces deux écrits pleins d'idées et du souffle libéral. Il y a une portion qui n'a pas vieilli.

Depuis la révolution de Juillet, si nous en exceptons quelques pages sur la démocratie, Guizot n'a plus publié d'ouvrage de cette nature; mais, sous forme de biographies, il a continué d'exposer ses idées politiques; et deux autres de ses livres parus, l'un en 1840, l'autre en 1856, méritent de ne point passer inaperçus. Le premier, intitulé *Vie de Washington*, et qui servit d'introduction à la Correspondance de ce grand citoyen, fut qualifié de chef-d'œuvre.

C'était une occasion pour Guizot de faire entendre à la démocratie des conseils, et en même temps de mettre en lumière la plus belle chose qu'en politique il soit permis à l'homme de tenter : fonder un gouvernement absolument libre, au nom des principes d'ordre. Guizot, dans tout ce qu'il écrivait, cherchait un enseignement. La première phrase donne bien le caractère de l'œuvre : « Il y a un spectacle aussi beau et non moins salutaire que celui d'un homme vertueux aux prises avec l'adversité, c'est le spectacle d'un homme vertueux à la tête d'une bonne cause et assurant son triomphe ».

En jugeant la révolution américaine, Guizot devait inévitablement et une fois de plus mettre en parallèle la Révolution française. Il l'a fait sans se répéter : « Il y a des événements que la Providence n'admet pas les contemporains à comprendre, si grands, si complexes, qu'ils surpassent longtemps l'esprit de l'homme, et que, même en éclatant, ils demeurent longtemps obscurs, dans ces profondeurs où se préparent les coups qui décident des destinées du monde. Telle a été la Révolution française. Qui l'a mesurée ? De qui n'a-t-elle pas trompé cent fois l'opinion et l'attente, amis ou adversaires, enthousiastes ou détracteurs ? Ce que l'expérience nous enseigne, Washington l'entrevit dès le premier jour. »

Guizot fait ressortir que son héros convenait admirablement à la situation; qu'il avait les idées et les sentiments de son époque, sans fanatisme et sans servitude; qu'il avait confiance dans les principes et les destinées de la Société au sein de laquelle il vivait, mais une confiance éclairée et tempérée par un instinct sûr des nécessités de l'ordre social. « Il la servit avec sympathie et indépendance, car il faut deux choses à la démocratie pour son repos et son succès; il faut qu'elle se sente aimée et soutenue, qu'elle croie au dévouement sincère et à la supériorité morale de ses chefs. »

C'est un panégyrique éloquent et grave, avec une arrière-pensée. Guizot voulait que la politique du juste milieu profitât de cette leçon.

D'un caractère tout autre est l'étude qu'en 1855 il consacrait à sir Robert Peel. Vingt ans s'étaient écoulés depuis que Guizot avait publié l'introduction à la Correspondance de Washington; son attrait pour les hommes d'État de l'Angleterre s'était fortifié, durant son exil, et il voyait de plus haut les événements : « L'ébranlement imprimé en 1789 aux sociétés humaines, écrit-il, s'est étendu, aggravé, transformé, renouvelé au delà de toute prévoyance, de toute imagination. Chacune des générations qui se sont succédé depuis cette époque s'est crue aux termes de la crise, et toutes ont été forcées de reconnaître qu'elles n'en avaient pas soupçonné la puissance; toutes ont repris, bon gré mal gré, leur course vers un avenir inconnu. Et nous-mêmes, après soixante années de métamorphoses et d'épreuves, relancés tout à coup sur cet océan d'où l'on ne voit plus de terres, pouvons-nous dire aujourd'hui, à l'abri de notre nouvelle relâche, vers quels abîmes ou vers quels ports nous poussera encore le grand vent de 89, tant de fois assoupi et jamais épuisé. » Et Guizot revient à l'une de ses idées les plus chères : l'Angleterre avait des Whigs et des Tories, accoutumés à se régler eux-mêmes, en combattant leurs rivaux ; et c'est cette liberté politique, depuis 1688, qui la préserve des révolutions.

Son étude sur Robert Peel n'est qu'un chapitre de l'histoire de l'Angleterre, depuis la réforme électorale accomplie par le cabinet de lord Grey. Bien qu'il n'ait pas le dessein de suivre Robert Peel dans les nombreuses affaires débattues alors au sein du parlement britannique, Guizot démêle le caractère essentiel de sa politique. En 1840, lors de son ambassade à Londres, il avait surtout été frappé de la constante préoccupation qu'avait Robert Peel de l'état des classes ouvrières en Angleterre, préoccupation morale autant que sociale, et dans laquelle, sous un langage froid et compassé, perçaient l'émotion aussi bien que la prévoyance de l'homme d'État.

Lorsque le 30 août 1841, trente-deux ans après son entrée à la Chambre des communes, il devint premier ministre, il était appelé à la plus difficile des tâches. Il fallait que Robert Peel fût à la fois conservateur et réformateur, et qu'il fît marcher dans cette double voie une majorité incohérente et dans laquelle dominaient, au fond, des intérêts, des préjugés, des passions immobiles et intraitables. « C'était un bourgeois chargé de soumettre à de dures réformes une puissante et fière aristocratie, un libéral sensé et modéré, mais vraiment libéral, traînant à sa suite les vieux Tories et les Ultra-protestants. »

Guizot explique que, pour accomplir cette œuvre, Robert Peel avait une foi impérieuse; il déclarait que le but suprême de la société et du gouvernement, dans les temps modernes, doit être le bien-être du plus grand nombre de créatures humaines. Ce sera en effet sa gloire d'avoir été le plus honnête et le plus hardi représentant « de ce dogme démocratique par excellence ». Guizot rappelle les touchantes et célèbres paroles que, le jour de la chute du Cabinet, le 29 juin 1846, Robert Peel laissait tomber de ses lèvres émues devant la Chambre des communes! « Peut-être laisserai-je un nom qui sera quelquefois prononcé, avec des expressions de bienveillance, dans les demeures de ceux dont le lot en ce monde est le travail, qui gagnent leur pain à la sueur de leur front et qui se souviendront de moi, quand ils répareront leur force par une nourriture abondante et franche d'impôts, d'autant plus douce pour eux, qu'aucun sentiment d'injustice n'y mêlera plus son amertume. »

Le publiciste termine cette magistrale étude, en se posant ce problème : « Quelles seront pour les destinées de l'Angleterre les conséquences de la démocratie? » — Il ne se flatte pas de les mesurer. Deux résultats pourtant lui paraissent déjà visibles : à l'intérieur, dans la législation et l'administration du pays, le progrès est immense. La justice, le bon sens désintéressé, le respect de tous les droits, le ménagement de tous les intérêts, l'étude consciencieuse et approfondie des faits et des besoins sociaux, exercent dans le gouvernement anglais plus d'empire qu'autrefois; mais au sommet et au dehors, le grand esprit politique, l'esprit d'ensemble et de suite a faibli. Les anciens partis sont désorganisés.

Ainsi se répandait, sur les sujets les plus variés, cette vaste et lumineuse intelligence de Guizot : mais nous devons encore, pour la faire apprécier dans son ensemble, la voir s'occupant des intérêts religieux.

III

Dans les dernières années de sa vie, il avait été très frappé des attaques dirigées contre le christianisme. Les divisions intérieures du protestantisme français ne l'avaient pas moins affligé. Qui se serait douté alors que lui aussi, après la mort de sa première femme, Pauline de Meulan, avait traversé une crise religieuse? Une lettre de Mme la duchesse de

Broglie (3 octobre 1827), publiée dans le troisième volume des *Souvenirs* de M. de Barante, jette de la lumière sur ce fait peu connu et que nous avons plus haut énoncé.

« L'esprit de M. Guizot, écrivait-elle, s'agite pour fortifier sa certitude ; il ne la puise que là ; plus que jamais, il repousse toute certitude révélée. »

Avec Guizot, les crises duraient peu, tant il avait de volonté : il pouvait tourner au déisme, comme Pauline de Meulan. Mais son éducation genevoise fut la plus forte. Il redevint protestant, croyant au surnaturel. Sa crise n'avait laissé aucune trace, et en 1862 parut son livre de philosophie religieuse, *l'Église et la Société chrétienne*, suivi en 1864, en 1866, en 1868 de ses volumes de *Méditations*.

Large, puissante, mesurée, la pensée de Guizot cherche toujours la sérénité sur les hauteurs. Quand il s'agit de peindre nos immenses espérances et nos immenses mécomptes, aucun écrivain n'a des couleurs plus saisissantes. Il montre les sociétés européennes, profondément troublées, les institutions et les croyances, l'état et les relations des personnes mis en question ; presque partout l'ancien édifice s'ébranlant sans que l'on voie sur quels fondements solides s'élèvera l'édifice nouveau ; partout la confusion, l'incohérence, l'incertitude régnant dans les esprits et passant dans les faits ; les gouvernements et les peuples, à la fois fatigués et agités ; le présent n'inspirant point de sécurité ; l'avenir n'offrant point de clarté ; enfin, malgré l'incontestable progrès de ses lumières et de son état social, la société française vivant dans les ténèbres et sur des ruines.

En face de ce péril moral, Guizot propose aux catholiques et aux protestants non pas une fusion (car il demeure fidèle à la foi protestante), mais une alliance qu'il croit honorable des deux côtés ; il veut que les uns et les autres réunissent leurs forces pour défendre le surnaturel; quant aux philosophes, il leur demande de l'admettre, comme ne répugnant pas nécessairement à la raison. « Le surnaturel, source de toute religion, est dans la foi naturelle de l'homme. » Que cette foi instinctive puisse être la source d'une infinité d'erreurs et de superstitions, Guizot ne songe pas à le nier; mais de cet incurable mélange, il ne s'ensuit pas que nos grands instincts n'aient pas de sens et ne fassent que nous égarer, quand ils s'élèvent.

Dans les Églises chrétiennes, Guizot ne comprenait pas l'Église grecque qu'il ne connaissait pas assez bien pour juger avec précision de son état et de son avenir. C'était uniquement du catholicisme et du protestantisme qu'il voulait parler : « On reproche au clergé français, disait-il, d'être devenu ultramontain. Il y a été contraint pour défendre le christianisme et lui-même. Attaquée dans ses droits essentiels, dans son indépendance, dans sa foi, dans son existence, l'Église française s'est repliée sur le centre de l'Église catholique générale; elle a cherché et trouvé dans Rome un refuge et, de là, elle s'est relevée. » Guizot se demandait si, tout en demeurant la gardienne du principe d'autorité, pourquoi elle se refuserait à reconnaître la liberté comme un droit, et ne cesserait pas de se regarder comme engagée dans la cause du pouvoir absolu; enfin, si tout en défendant la foi, elle n'accepterait pas l'activité générale des esprits, le respect de la science, le goût du progrès social.

D'autre part, examinant les difficultés des Églises protestantes françaises, il constatait que le réveil simultané de la foi et de la critique protestantes coïncidait avec les attaques dont le christianisme lui-même était l'objet et, dans cette mêlée confuse, le protestantisme courait risque de voir sa cause dénaturée, et de passer du drapeau de la liberté religieuse sous celui du scepticisme ou de l'indifférence.

Son optimisme le poussait donc à ne voir que des divergences ou des nuances là où se rencontrent, au contraire, des antinomies absolues et des oppositions de doctrines. Si le philosophe reste toujours vague et presque superficiel, le moraliste au contraire est à l'aise en exposant toujours ses observations avec ampleur. Alors même que dans ces matières si délicates il se heurte contre les difficultés de concilier deux principes qui sont en opposition depuis le XVIe siècle, Guizot plane sur les hauteurs; il accomplit la belle parole du sage indien : « Soyez comme le bois de santal, qui embaume la hache qui le frappe ». Mais les efforts d'une âme généreuse ne suffisent pas, quand il s'agit de philosophie religieuse, pour maîtriser les âmes et les amener à abandonner tout ou partie de leurs croyances. Il n'y a pas de juste milieu dans les matières qui touchent à la conscience. Ce fut la noble erreur de Guizot de chercher une moyenne dans les choses où il s'agit de l'absolu.

CONCLUSION

Que restera-t-il de lui ?

De tous ses contemporains, Guizot est celui qui a le moins changé ; sous la mobilité des apparences, et dans la diversité des situations, il est resté invariablement le même. Quelques années avant sa mort, parlant de l'article que Renan a consacré aux premiers volumes de ses *Mémoires*, Guizot disait : « Il fait toujours de moi ce personnage tragique, solitaire, tendu, qui finira par devenir une espèce de légende, fausse comme toutes les légendes ». Il n'y a pas deux Guizot : il n'y en a qu'un dans la vie publique et dans la vie privée, dans ses livres comme dans ses discours. Ses ennemis croyaient l'avoir jugé en disant de lui : *c'est un roseau peint en fer* ; et sa vie prouve qu'il a été le contraire d'un roseau.

Un de ses anciens amis, devenu son adversaire, le dépeint ainsi, dans une étude inédite : « Il n'est guère de bonnes qualités dont Guizot soit entièrement privé, d'autant qu'il a le pouvoir de se donner celles qu'il veut. Grâce à l'élévation de son esprit et à l'austérité de son éducation, son orgueil le porte assez naturellement aux grandes choses, et, par là, il complète ou même il remplace les vertus qui peuvent lui manquer. Il l'aide à remplir le rôle de gravité, de fermeté, de calme, d'intégrité désintéressée, qui honore sa vie. » Ce rôle dont parle si bien M. Charles de Rémusat, Guizot l'a tenu, jusque dans sa verte vieillesse où, par la vigueur de l'esprit, il dominait les lassitudes de l'âge; cette volonté que le critique prise si haut, Guizot, dans une longue carrière, l'avait tournée au profit d'une singulière unité morale. En toutes choses il est le contraire d'un artiste; plus original par la manière dont il pense que par la forme qu'il donne à sa pensée, il est avant tout préoccupé de diriger les âmes.

C'est un homme moderne, en ce sens qu'il s'est élevé seul, par le travail de l'esprit, par l'autorité du talent, par la puissance de sa raison supérieure; il l'est encore par son dédain des titres. Lorsque, après la conclusion des mariages espagnols, la reine Isabelle lui offrit la grandesse héréditaire, il écrivit à M. Bresson, notre ambassadeur à Madrid : « Je ne suis ni un républicain ni un démocrate, je n'ai pour les titres et pour tous les autres signes extérieurs de la grandeur ni mépris, ni appétit. Je ne fais cas et n'ai envie que de deux choses : de mon vivant, la force politique; après moi, l'honneur de mon nom. Je crois qu'il y a, pour moi, aujourd'hui plus de force et un jour plus d'honneur, à rester Guizot tout court. »

On n'a qu'à lire ses vigoureux pamphlets, on saura bien vite ses doctrines politiques. Elles n'ont pas varié. Entre la souveraineté du peuple et celle du droit divin, il élève une souveraineté nouvelle, celle de la raison humaine, représentée par la bourgeoisie éclairée, mandataire elle-même de la nation tout entière. « La raison, dit-il (p. 201 du *Gouvernement de la France*, 1820), est le souverain légitime que cherche le monde et qu'il cherchera toujours. Les meilleures formes de gouvernement sont celles qui nous placent plus sûrement et nous font plus sûrement avancer sous sa loi sainte. » De bonne heure, il avait montré le besoin de tout comprendre; et, moins par goût ou conviction que par impartialité, il se rapprochait de toutes les opinions pour en prendre la moyenne: c'était son tempérament d'historien. Il l'applique à la politique et invente le juste milieu. En pratique, les classes moyennes en sont l'interprète; Guizot en conclut qu'elles devaient représenter la société. Comme par son éducation autant que par ses instincts il avait une sorte d'horreur pour le genre révolutionnaire, il avait conçu l'ambition d'être le champion de cette bourgeoisie conservatrice qui partageait ses répulsions; mais il s'efforça de lui inculquer le libéralisme constitutionnel dont il ne voulait pas se départir. De même qu'il essayait, dans ses théories, de faire de la charte de 1830 une ramification de celle de 1814, de même la dynastie d'Orléans était avant tout pour lui une branche de la maison de Bourbon. La Restauration, ce mélange de rétablissement et d'innovation, de conservation et de réforme, la Charte un peu française, un peu anglaise, enfin l'esprit, les circonstances, et les éléments de cette fondation monarchique et constitutionnelle, avaient plu fort à Guizot. Pour emprunter à Charles de Rémusat, dans ses confidences inédites, un mot de plus, « il n'était pas jusqu'à la diversité, à la discordance des principes à concilier pour en faire une œuvre libérale, qui ne fût de son goût ».

Trop éclairé pour ne pas admettre la possibilité d'une révolution, il n'en faisait pas son rêve. Une franche lutte pour la liberté, dans un champ clos, dont les barrières auraient laissé en dehors l'origine de la royauté légitime et la constitution, était le terme de son audace.

Aussi, quoiqu'il eût pris en bonne part la révolution de Juillet, certaines passions, certaines idées auxquelles elle rendait l'essor lui étaient antipathiques, et il les combattit vivement. Dans la crainte qu'on n'allât trop loin, il songea trop exclusivement à rassurer ou à ramener ceux que les trois glorieuses journées avaient froissés ou alarmés. Si cette manœuvre était opportune pendant un temps, il ne fallait pas la pousser au delà d'un certain terme ; elle le fut cependant, hors de toute prudence, sans tenir compte de l'opinion. Bons ou mauvais, il y a certains sentiments qui sortent des entrailles de la France, un homme d'État doit les connaître, et, même en les combattant, ne pas y rester complètement étranger.

Un jour, la nation, qui s'était développée de toutes les façons, se trouva en présence d'un gouvernement, ayant pour assises 250 000 électeurs et une chambre des députés qui comptait dans son sein plus d'un tiers de fonctionnaires. Ce n'étaient pas toutes les classes moyennes, c'était la haute bourgeoisie qui seule était représentée. Son influence était limitée par ses intérêts, tandis qu'il faut beaucoup de désintéressement pour agir avec force sur un pays. Aussi, malgré toute l'éloquence de son *leader*, une heure arriva où, sans résistance, tout le système s'effondra.

Bien que la chute fût irréparable, ce fut son parti plus peut-être que Guizot qui fut atteint. Ses théories en effet étaient encore plus d'un historien que d'un politique. Pour arriver à mettre définitivement le pouvoir entre les mains du tiers état, il avait déroulé, avec autant de sûreté que de force, dans leur action réciproque, tous les éléments divers de notre société française. Dans de très beaux discours, particulièrement en 1837 et 1838, il avait mis au service de ses idées un talent extraordinaire. Qu'on juge de sa déception en 1848, quand il croyait plus que jamais que le gouvernement de la bourgeoisie était la fin providentielle des siècles écoulés! C'était la bourgeoisie du second degré, la partie la plus nombreuse des classes moyennes qui se retournait avec le plus de vigueur contre le régime que les plus élevés de ses égaux avaient constitué et honoré par leur talent!

L'originalité des idées de Guizot n'est pas moins grande. Cette conception aussi historique que politique à savoir que ce sont les classes moyennes qui font la stabilité d'un pays, que c'est leur absence qui fait qu'un pays est ballotté du despotisme à l'anarchie, cette conception répondait à la vérité des choses. « Oui, disait-il en 1837, oui, aujourd'hui, comme en 1820, je veux, je cherche, je sers de tous mes efforts la prépondérance politique des classes moyennes en France.... Voilà le but vers lequel j'ai constamment marché. »

L'exécution ne répondit pas à l'idée. En concédant une extension du suffrage électoral, Guizot eût permis aux classes moyennes, qui se renouvellent sans cesse par le travail et l'économie, de s'organiser, de prendre plus conscience d'elles-mêmes et de faire une plus large place, à côté de la richesse, à cette autre force qui s'appelle le savoir. Il oubliait que, précisément parce que les conditions de la vie s'amélioraient, la machine sociale se compliquait, et ce puissant esprit appliquait sa forte volonté et sa mâle éloquence, par crainte de l'envahissement des forces démocratiques, à retarder des réformes limitées, qui ne l'eussent pas diminué, lui, le fils de la Révolution.

On ne peut pas l'accuser cependant de manquer de libéralisme; ses beaux livres, son admirable loi sur l'instruction primaire, son amour de la discussion, en témoignent ; comme il était peu métaphysicien, il faisait consister la liberté dans de bonnes institutions politiques. « Le vrai gouvernement de la Révolution, écrivait-il, c'est un système d'institutions et d'influences qui, à tous les degrés de l'ordre social, garantisse l'égalité constitutionnelle et la liberté légale, mettant partout les intérêts généraux en possession du pouvoir et en état de se défendre eux-mêmes contre toutes les attaques. Or il est clair que ce gouvernement, cette organisation régulière et forte de la France nouvelle n'existent point parmi nous. La Révolution, pour ainsi dire, vit encore en plein air ; elle est de toutes parts ouverte et démantelée; les principes qu'elle a proclamés ne sont point convertis en institutions pratiques et en lois efficaces. »

En un mot, d'après Guizot, c'est un gouvernement constitutionnel régulier qui doit consommer la victoire de la France sur l'ancien régime. Ce langage n'est pas certes celui d'un contre-révolutionnaire. « Le dernier but, ajoute-t-il, comme le principe fondamental du gouvernement représentatif, c'est d'empêcher que le pouvoir ne demeure en droit où il n'est plus en fait, de le faire constamment tomber aux mains des supériorités réelles et capables de l'exercer, selon sa destination. » — « Loin de vous montrer si inquiets de l'influence de la classe moyenne, adoptez cette influence; aidez-la à s'étendre, à se constituer; c'est ce qu'elle cherche; qui la servira en ceci sera son maître. »

Trente ans après que ces lignes étaient écrites, la démocratie était devenue la société tout entière. Cette élite, douée de l'esprit politique, prudente et avisée, acceptée de tous, capable d'être le régulateur des masses et de les diriger dans leurs évolutions, était-elle créée? Nous aurions beaucoup de choses à répondre si nous ne craignions de sortir de notre sujet.

Mais comme Guizot avait discipliné son armée! Comme il la menait au combat! Quel chef de parti! jamais indécis, toujours prêt à la lutte! Comme il donnait à toutes les questions de l'élévation, en généralisant le débat! Comme il rassurait les timides, affirmant avec certitude le succès! Quel tempérament de tribun au service des idées modérées! Quelle autorité! Ce sont les qualités éminentes de l'homme d'État, sous le régime des assemblées; et avec cela, pas d'envie, pas de rancune, l'oubli des injures, tous les attributs d'une âme supérieure! Toujours prêt à monter à la tribune et, dans les dernières années de son ministère, étant arrivé presque à la perfection de l'éloquence, par l'heureux choix des termes, l'ordre des arguments, le libre emploi de ses facultés, l'art avec lequel il tirait parti de tous ses dons! « Ses antécédents, son caractère, dit encore Charles de Rémusat dans ses notes inédites, ses études, ses opinions, toute sa nature enfin montent avec lui à la tribune. Le rôle est supérieurement joué. »

C'était en effet par sa personnalité morale qu'il prétendait agir sur son auditoire. Ce dont il voulait persuader le parti qu'il représentait, c'était de l'énergie de ses convictions, de la sérénité de sa conscience, et de son assurance dans la bonté de sa cause. Les plus froids étaient subjugués. On a constaté depuis longtemps que pour tout orateur qui tient à bien savoir ce qu'il dit, il vaut beaucoup mieux parler au pouvoir que dans l'opposition. Cela était vrai, même pour Guizot, qui s'appuyait alors sur des données plus réelles, sur un dossier mieux préparé et qui était moins exposé à manquer de précision. Son talent, qui se plaisait dans les généralités, prenait plus de force encore, en touchant du pied la terre.

Les journées de Juillet avaient été une révolution de plus de portée que ses amis ne le pensaient; et c'était une tâche ingrate pour un homme politique nourri d'idées générales et vivant presque uniquement de lui-même, que d'avoir à diriger un parti comme le juste milieu, qui se targuait de n'avoir pas de principes et qui ne raisonnait qu'avec les faits. Guizot s'y est usé.

Son nom survivra. Il est attaché à la cause même de notre bourgeoisie française. Elle n'a jamais eu depuis Guizot un théoricien et un défenseur qui aient essayé de lui donner de la cohésion; et elle serait ingrate, en oubliant qu'il lui a sacrifié toute sa vie intellectuelle et politique.

Ses livres d'histoire, qui ne furent jamais pour lui qu'un instrument d'action, un moyen de naturaliser ses idées, suffiraient pour immortaliser sa mémoire.

Peu soucieux de la forme, à ses débuts, il visait surtout à bien dire ce qu'il pensait, et cette pensée était tellement nerveuse qu'elle atteignait la précision du style. Les objections faites à son système ne lui ont rien enlevé de ses qualités de penseur; et par la sûreté de son érudition, son œuvre se tient debout dans son ensemble. Sans doute, cette force d'esprit, « qui refait, restaure du passé tout ce qui peut se refaire, qui maîtrise le désordre dans l'histoire », a été critiquée : on l'a relevée, comme un danger qui mènerait à conclure d'un passé ainsi reconstruit et simplifié artificiellement au présent mobile, divers et changeant; mais ces critiques générales, si elles touchent certains détails de l'édifice, n'entament pas sa solidité et son ampleur. L'*Histoire de la révolution d'Angleterre*, par son dessin ferme et assuré, par son tour austère, par son entente de l'esprit religieux, si puissant au XVIIe siècle au delà de la Manche, par le sentiment libéral, est encore le meilleur livre qui ait été publié sur ce grand événement. Ses *Mémoires*, par leur ton général de réserve et de discrétion, par l'absence de coquetterie, revêtent un caractère de noblesse et de dignité qui leur donne un véritable accent de sincérité. Rien ne dénote plus la hauteur d'une âme que cette altière impartialité, ce respect pour les opinions des autres qui se rencontrent dans toutes les pages. A ceux qui reprochent à Guizot de n'avoir pas fait de confidences, il aurait pu répondre avec un des plus fins esprits de ce temps : « Ceux que leurs devoirs mettent en rapport avec le public ne doivent se montrer à lui que comme des abstractions ».

Il n'y a donc pas d'homme d'État qui ait été moins en désaccord avec ses livres et avec sa vie ; il n'y en a pas qui, par l'honnêteté, le désintéressement, un incessant labeur, la fidélité à ses principes comme à ses affections, par l'élévation morale, l'amour de la patrie, ait plus mérité l'estime publique. Et cependant, de même qu'il n'a pas été populaire de son vivant, il ne l'est pas devenu après sa mort. Cette figure pâle et passionnée dans sa maigreur, qu'a si bien rendue le pinceau de Paul Delaroche, n'a jamais attiré les regards de la foule. Elle ne le comprend pas. Guizot éloigné de l'arène politique avait-il gardé conscience de cette absence de popularité ? A coup sûr, ceux qui l'ont approché dans les derniers temps, qui ont goûté le charme de sa simplicité, l'attrait de sa conversation, incisive, éloquente, la bonté de son cœur, ne s'étaient jamais aperçus que la tristesse d'être méconnu vînt altérer son patriotisme et la sérénité de son âme. Sa dernière parole à ses petits-enfants était la prière d'un patriotisme toujours vibrant. Disons-le donc bien haut : l'avenir sera plus juste pour lui que ses contemporains. Il a grandement honoré notre pays, et son nom est inscrit à la première page de notre Livre d'or.

FIN

TABLE DES MATIÈRES

Coulommiers. — Imp. Paul BRODARD. — 271-94.

www.ingramcontent.com/pod-product-compliance
Ingram Content Group UK Ltd.
Pitfield, Milton Keynes, MK11 3LW, UK
UKHW021135260726
13994UKWH00001B/147